"South Korea can lead the way"

일러두기

이 책은 <오래된 미래>를 통해 전 세계에
세계화의 대규모 경제 제체에 대한 경각심을
일깨워 온 저자가 40여 년 동안 주창해
온 행복의 경제학, 즉 로컬 중심의 경제
공동체 회복에 대한 핵심 메시지를 압축한
<LOCALIZATION: essential steps to an
economics of HAPPINESS>의 내용을
근간으로 만들었다. 이를 바탕으로 저자와
출판사가 공동기획하여 최근 칼럼과 새로운
인터뷰를 더해 편역 발간한 도서로, 한국에서
처음 출간된 책이다.

로컬의 미래

헬레나와의 대화

헬레나 노르베리 호지 글 최요한 옮김

남해의봄날

한국의 독자들에게

세계는 갈수록 불안정해지고 있습니다. 기후 변화와 생물 다양성의 감소만으로도 무서운 일인데, 거기에 불안정한 금융, 위협받는 민주주의, 핵전쟁의 공포까지 겹치니 혼란스럽고 당황하는 것이 당연합니다. 경쟁이 치열한 도시 경제로 급하게 달려간 한국인들은 어쩌면 라다크인들과 비슷한 피해를 입은 것 같습니다. 나는 라다크인들이 어떠한 피해를 입었는지 <오래된 미래(Ancient Futures : Learning from Ladakh)>에서 자세히 소개한 바 있습니다.

그 책에서 우울한 이야기만 한 것은 아닙니다. 더욱 희망적인 전망도 제시했습니다. 절망하거나 주저앉지 않고 인간과 인간, 그리고 인간과 환경 사이의 더 건강한 관계를 재건할 수 있는 방법을 설명했습니다. 이 책에서는 그런 방법을 더 자세히 소개하려고 노력했습니다.

현재 내가 몸 담고 있는 로컬퓨처(Local Futures)에서는 최근에 새로운 경제 운동이 성장하고 있다는 소식을 들으며 무척이나 행복하게 일하고 있습니다. 정치인과 기업인들은 그런 소식에 어둡습니다. 풀뿌리 차원에서 어떤 일들이 일어나고 있는지 모르고, 일자리를 만들어 내지 못하는 에너지 집약적인 성장을 계속 촉진하기 어렵다는 것을 모르고 있습니다. 그러나 전 세계에서 학계뿐 아니라 환경과 사회 활동가들까지 경제에 변화가 필요하다는 목소리를 점점 더 높이고 있고, 그들의 목소리에 미디어가 주목하기 시작했습니다.

이제 '허울뿐인' 녹색 정책을 꿰뚫어볼 줄 알아야 합니다. 온실가스 배출이나 경제 불안을 줄이는 정도로는 재난을 막을 수 없습니다. 에너지 집약적인 생산, 소비지상주의, 장거리 과잉 무역에서 전혀 벗어나지 못하고 있는 신재생 에너지 정책에 반대해야 하고, 대신에 '지역화(localization)'로 방향을 전환해야 합니다. 지역화는 에너지 소비를 빠르게 줄이고, 의미 있고 생산적인 일자리는 늘리는 진정한 분권화입니다. 우리는 더 많은 사람들이 지역화의 넓고 깊은 관점으로 세상을 바라볼 수 있도록 할 수 있는 모든 일에 최선을 다해야 합니다.

풀뿌리 공동체와 지자체가 협력하면 얼마나 많은 일을 이룰 수 있는지를 깨달으면 정말로 희망이 생깁니다. 기업화에 저항하고 로컬을 부활시키는 양갈래 해법이 세상에 더 많아져야 합니다. 세금과 보조금, 규제의 대항에 맞서고 있는 수많은 상향식 구상들이 경제 체제 안에 조금씩 자리잡고 있는 것은 무척이나 고무적인 일입니다.

우리는 긍정적인 변화를 보여주는 더 많은 사례들을 사람들에게 알려야 합니다. 무엇이 잘못되고 있는지를 알리는 것만으로는 부족합니다. 이를테면 'GDP가 성장한다고 좋은 것이 아니다, 자원과 사회가 자유 무역에 치르는 비용이 크다'라는 말로는 충분하지 않습니다. 사람들은 반사적으로 힘겨운 진실을 회피하려고 합니다. 생활과 생계의 근간이라고 배운 경제체제를 의심해야 한다는 것을 쉽게 받아들이지 못합니다.

그러나 전 세계의 현장에서 무슨 일이 일어나고 있는지 제대로 알아야 합니다. 케이블 뉴스, 고정관념을 퍼뜨리는 소셜 미디어, 사람들을 양극화시켜 세계 담론을 집어삼키는 대립적인 흑백논리에 머문 주류 채널의 정보를 넘어서, 실제로 세상에서 일어나고 있는 일들을 봐야 합니다. 한 걸음만 더 나아가면, 어디를 가든지 아름답고 지속 가능하고 인간적으로 사는 사람들을 만날 것입니다. 자연에 기반한 문화적 가치를 이해하는 이 사람들은 세계화의 혼돈에서 잃어버릴 위기에 처한 가치를 회복하려고 노력하며, 인간애를 기반으로 사회를 재편하고자 혁신적으로 활동하고 있습니다. 그들은 날마다 다양한 사람들과 교류하고, 동식물과 교감하면서 심리적이고 정신적인 기뿜을 깊이 누립니다. 로컬 푸드 프로젝트, 로컬 비즈니스 연맹, 로컬 금융 기획, 공동체 기반의 신재생 에너지 사업 등은 여러 가지 방법 중 일부 사례에 불과합니다.

　점점 더 많은 사람들이 튼튼한 지역화 공동체와 국제적인 조직에 기반하여 '행복의 경제학'을 위한 운동에 합류하고 있습니다. 사회와 생태계의 위기를 해결하려면 반드시 방향을 전환해야 합니다. 진정한 민주주의, 온전한 경제를 회복하려면 전 세계의 로컬 경제가 튼튼해져야만 합니다. 지난 40년 동안 나는 10개국이 넘는 나라에서 일하면서 여러 대륙의 다양한 사람들과 협력하고 수많은 구상들을 진행해 왔습니다. 바로 그 새로운 경제를 위한 글로벌 운동의 선봉에 대한민국이 있어서 기쁩니다.

　여러분이 이 책을 읽고 '큰 그림 행동주의'에 동참하기를, 그래서 한국에서 새로운 희망의 미래를 만들어 갈 수 있기를 진심으로 바랍니다. 이 책에 담긴 이야기와 사례에서 알 수 있듯이, 여러분은 결코 혼자가 아닙니다.

2018년 가을
헬레나 노르베리 호지

한국의 독자들에게

들어가는 말

때론 세상에 온통 나쁜 소식만 들려오는 것 같다. 기후 혼란, 생물 멸종, 고용 불안, 빈곤, 폭력 사태…. 이런 소식들은 우리를 답답하고 우울하고 무기력하게 만든다. 그러나 자세히 들여다보면 아직 희망을 찾을 수 있다. 우리가 직면한 문제들은 대부분 같은 원인에서 비롯했기 때문이다. 이는 우리가 여러 문제를 따로 해결할 필요 없이 동시에 해결할 수 있다는 의미다.

나는 저개발국가에서 가장 산업화된 선진국까지, 세계 여러 곳을 관찰하고 연구한 끝에 무엇이 문제인지 확실히 알았다. 가장 근본적인 문제는 사람들이 경제 체제가 어떻게 작동하는지 잘 모른다는 것이다. 많은 사람들이 경제의 우선순위를 혼동하는 바람에 잘못된 순위를 앞세워 다른 대안들을 묵살함으로써 부지불식간에 글로벌 경제를 지지한다. 글로벌 경제는 몹시 비대하고 강해져서 인간뿐 아니라 모든 생명을 위기로 몰아넣고 있다. 글로벌 경제는 기술-경제 체제로서 인간 생활의 모든 것, 심지어 생명까지도 상품으로 만든다. 글로벌 경제는 인간과 자연, 인간과 인간을 분리시키며 번영하고 있다.

그러나 꼭 이런 길로 가야 할 필요는 없다. 변화는 이미 시작되었다. 구태의연한 권력 기관과는 전혀 다른 풀뿌리 운동이 변화를 일으키고 있다. 경제 구조를 지역화하여 생태계와 공동체를 보호하려는 움직임이 육대주에서 일어나 힘을 모으고 있다. 이들은 경제가 문화와 생태를 지배하는 것이 아니라, 문화와 생태가 경제를 주도하는 세상을 만들고 있다. 풀뿌리 운동은 사람들의 힘과 인내, 선한 의지를 증명하고, 신속하게 확산하여 앞으로의 정치와 경제 지형을 바꾸어 놓을 것이다.

내가 설립한 단체는 지금까지 거의 40년 동안 세계화에서 지역화로 방향을 전환하자고 말해 왔다. 지역화는 글로벌 경제가 입힌 손상을 만회하는 가장 전략적이고 효과적이며 상식적인 방법이다. 지역 경제가 튼튼해지면 개인, 즉 '내부'의 변화뿐 아니라 정치 변화, 곧 '외부'의 변화까지 일어난다. 지역화는 정치적인 측면에서도 정의롭고 지속 가능한 경제학이다. 빈부 격차를 크게 줄이고, 에너지 사용과 공해를 줄인다. 아울러 지역화는 행복의 경제학이다. 개개인을 공동체, 그리고 자연과 다시 이어주기 때문이다.

내가 지역화에 눈뜬 것은 1975년 라다크에 처음 발을 디디면서였다. '작은 티베트'라 불리던 라다크는 당시에 막 글로벌 경제에 문을 열었다. 나는 언어학자라서 금세 라다크어를 유창하게 구사할 수 있었고, 덕분에 자연에 기반한 라다크의 오래된 문화 전통을 거의 내부에서 경험할 수 있었다.

그 뒤로 10년 동안 나는 그곳에서 경제 발전의 파괴적인 위력을 직접 목격했다. 경제 체제는 힘을 중앙에 집중시키고, 교육의 기회와 일자리를 인위적으로 줄여서 치열한 경쟁을 조장했다. 아울러 아이들의 정신에 깊이 침투해서 보편적인 사랑과 인정 욕구를 소비 욕구로 왜곡시켰다. 결국 라다크는 10년도 채 지나지 않아 우울증과 자살, 폭력 사태에 휩싸였고 환경이 파괴되었다.

도저히 가만히 있을 수 없었다. 7개 국어를 구사하는 나는 수많은 나라에 초청받아 정책 결정권자들과 시민단체들에게 연설과 강연을 했다. 많은 사람들이 좋은 의도를 가지고도 환경을 파괴할 뿐 아니라 인류의 안녕을 해치는 경제 체제를 무심코 지지한다는 사실에 의욕이 더욱 불타올랐다. 사람들은 진보, 교육, 개인주의, 민주주의라는 이름으로 경제 성장과 개발을 맹목적으로 지지한다. 이상주의와 선의는 어리석은 낭비, 소비지상주의, 실업, 불안을 지피는 땔감으로 쓰이고 있다.

스칸디나비아의 동료들이 유럽연합에 반대했을 때 나는 이러한 생각을 굳혔다. 그들은 유럽연합이 경제 연합에 지나지 않는다는 것을 간파했다. 유럽연합은 유럽의 다양한 통화와 문화, 언어, 말하자면 다양성을 기업의 효율과 이윤의 장애물로 여기는 대기업들의 주도로 추진되었다. 내 친구들은 무역에 집착하는 '국경 없는' 유럽이 문화와 민주주의, 환경에 끼칠 영향을 우려했고, 이는 글로벌 경제에 문을 여는 라다크를 걱정하는 나의 마음과 공명했다.

에른스트 슈마허(E. F. Schumacher)의 획기적인 저서 <작은 것이 아름답다(Small is beautiful)>를 읽고 이러한 생각은 더욱 확고해졌고, 나는 방향 전환이 시급하다는 사실을 보다 널리 알리고자 힘썼다. 우리는 더 크고 더 중앙 집중화에 박차를 가하는 경제 구조에서, 더 분권화하고 지역화하는 인간적인 규모의 경제로 방향을 틀어야 한다. 이러한 주장에 주류 기관과 미디어가 처음에는 관심을 보였다. 나는 하버드 대학교와 옥스퍼드 대학교에 초청을 받아 강연을 하고, 대형 출판사들과 회견을 하고, 방송에 출연하고, 국회의원들을 만나고, 몇몇 국가의 수상들까지 만날 수 있었다.

그러나 1990년대 초에 북미자유무역협정(NAFTA)과 관세무역일반협정(GATT) 같은 자유 무역 조약에 힘입어 경제 세계화가 출범하고, 분권화와 지역화라는 개념은 점점 더 관심

밖으로 밀려났다. 세계화를 추진하는 거대 기업과 미디어 재벌들은 막대한 부와 권력을 손에 넣어 정부 정책뿐 아니라 여론과 지적 담론까지 주도했다. 그들의 영향을 받은 환경 운동은 근본적인 정치 변화보다 녹색 소비자운동, 윤리적 투자, 탄소무역 같은 시장 해법으로 눈을 돌렸다.

최근 몇 년 동안 글로벌 경제가 사회와 생태계에 영향을 미친다는 인식이 높아지면서 시장에 대한 믿음이 약해지기 시작했다. 특히 2008년에 일어난 금융 위기로 맹목적이고 무책임한 투기가 어떤 결과를 낳는지 모두가 똑똑히 알았다. 한편 풀뿌리 운동가들은 지역 사회와 경제를 재건하기 위해 노력하고 있다. 풀뿌리 운동은 주류 미디어의 관심도, 정부의 지원도 받지 못함에도 불구하고 세계 곳곳에서 일어나고 있다. 그들은 생산과 소비의 거리를 대폭 줄이고, 지역과 지방 경제, 국가 경제의 자립을 추구한다. 그들은 시장과 기업에 책임감과 투명성을 높이라고 요구한다. 풀뿌리 운동은 자연에 존경심을 갖고 환경을 다루며, 비록 지구의 인구 밀도가 높더라도 인간과 자연의 필요가 상충하지 않는다는 것을 보여준다. 바꿔 말하면 기업 자본주의와 획일적인 소비문화에 대한 비판이 널리, 심도 깊게 퍼져나가고 있으며, 진정한 대안과 지속적인 해법을 제시하는 지역화 운동이 전 세계에서 일어나고 있다.

지역화는 고립화가 아니다. 사실 정책적으로 세계화에서 지역화로 전환하려면 국제 협력이 필요하다. 글로벌 은행과 기업의 이익을 보호하는 자유 무역 조약이 아니라, 환경을 보호하는 구속력이 있는 협정을 맺어야 한다. 풀뿌리 운동에서도 시급히 정보를 공유하고, 국가와 사회 안팎의 각계각층과 협력해야 한다. 지역화는 융통성 없이 꽉 막힌 처방이 아니다. 오히려 경제 활동을 변화시켜서 지역 사회와 인간을 다양하게 만든다. 나는 지역화를 '경제를 지역으로 가져오기(bring the economy home)'라고 부르고 있다.

지역화는 우리가 보통 경제라고 생각하는 것을 훌쩍 뛰어넘어 많은 유익을 가져다 준다. 지역화는 북반구와 남반구에서 고용 안정, 번영, 소득 평등을 굳건히 확립할 뿐 아니라 튼튼한 지역 사회를 지원하는 데 필요한 체제를 마련한다. 지역 사회가 튼튼해지면 구성원의 몸과 마음도 건강해진다.

최종적으로 지역화는 인간과 인간, 인간과 사회, 인간과 자연의 관계를 회복시킨다. 지역화는 우리가 갈망하는 목적의식과 소속감을 채워주고 우리가 염원하는, 자녀들과 더불어 살아갈 안전한 미래를 열어줄 것이다.

승자 없는
경제,
세계화의
진실

세계화로 경제 규모는 거대해졌고, 대규모 경제는 심각한 문제들을 수없이 낳았다. 날로 팽창하는 경제는 자원을 점점 더 많이 소비하며 자연을 파괴하고 생물의 다양성을 잠식하고 있다. 그러는 동안 폐기물은 계속 쌓이고 넘친다. 온실 가스는 기후의 균형을 깨뜨리고, 핵폐기물은 자자손손 해로운 독극물로 남을 것이다.

경제 규모를 확대하면 개인의 안녕도 위기에 처한다. 사람들은 경제적 안정을 잃을 뿐 아니라 일에서 보람을 느끼지 못하고 인간 관계와 삶의 터전에서도 끈끈한 유대감을 느끼지 못해 마음의 안정조차 잃어버린다. 부유한 나라든 가난한 나라든 우울증과 자살이 만연한다.

기업이 미디어를 지배하고 서양식 교육이 학교를 장악하자 획일적인 소비문화가 전 세계에 퍼졌다. 개성이 강한 개인들은 소비자 집단으로 변하고, 다양한 문화 전통은 판에 박힌 듯 똑같은 문화로 바뀌고 있다. 전 세계적으로 빈부 격차가 벌어지면서 대립과 폭력이 증가하고 있다. 이러한 것들 외에도 다른 여러 문제가 경제 세계화와 구조적으로 연결되어 있는데도 경제 규모가 워낙 거대한 탓에 그것을 알아보기가 여간 어렵지 않다. 정부 지도자들과 기업 최고경영자들조차도 자신이 내린 결정으로 지구 반대편에서 어떤 일이 생기는지 제대로 알지 못한다. 우리 대부분도 마찬가지다. 생산자와 소비자의 거리가 몹시 멀어져서 윤리적인 선택이 불가능해졌다. 캘리포니아주의 어느 식당에서 파는 생선은 불법으로 노예 노동자들을 고용한 태국에서 잡은 생선인지도 모른다. 독일에서 파는 티셔츠는 열악한 환경에서 박봉으로 노동자를 착취하는 방글라데시의 공장에서 만든 옷인지도 모른다. 인도 중산층의 소비 수준이 높아지면 수천 킬로미터 떨어진 곳에 기후 혼란을 초래할 수도 있다. 마치 팔이 길게 자란 사람이 제 손으로 하는 일을 보지 못하는 격이다.

세계화의 진행 방식과 구조적 영향을 면밀히 살펴 보면 경제 체제가 얼마나 파괴적으로 변했는지 알 수 있다. 그리고 그 체제를 어떻게 고쳐야 하는지도 알게 된다.

오늘날 세계화란 무엇인가?

경제 세계화(economic globalization). 명사. 1. 기업과 은행 이 국제적으로 활동할 수 있도록 무역과 금융 규제를 완화 또 는 철폐하는 것. 2. 초국적 기업들이 지배하는 단일 세계 시 장의 등장(국제 협력, 상호 의존, 지구 공동체라는 뜻으로 자 주 오용한다).

우리는 '세계화'라는 말을 자주 듣는다. 무슨 뜻일까? 누군가는 세

상의 국경이 사라지고 새로운 기술에 힘입어 아이디어와 혁신이 자

유롭게 왕래한다는 뜻이라고 말한다. 혹은 세상이 무역 관계망으로

연결되고 모든 나라가 상호 의존하여 인류를 이롭게 한다는 뜻이라

고 말한다. 심지어 인간적인 규모로 줄어들어 사람들이 협력하는 평

화로운 '지구촌'을 뜻한다고 말하는 이도 있다. 그러나 세계화의 본

질은 의도적인 경제 활동이다. 무역과 투자의 규제 완화다. 대기업

과 은행은 전 세계의 로컬 시장에 자유롭게 진입해서 그곳을 장악

한다. 캐나다 전 부총리 폴 헬러(Paul Hellyer)는 세계화를 다음과

같이 정의했다.

"세계화는 기업화 대신 쓰는 암호명이다. 거대 기업과 은행이 직원

에게 정당한 임금을 주고 싶지 않아서, 도로를 보수하고 공원을 유

20

지하고 노인과 장애인에게 연금으로 돌아가는 세금을 내고 싶지 않아서 세상을 재편하려고 꾸미는 시도다."1)

헬러의 말대로 대기업과 은행이 '세상을 재편하려고' 일을 꾸미고 있음에도, 많은 경우에서 사람들은 세계화를 통제 불가능하고 자연스럽게 진화하는 힘의 산물로 묘사한다. 예를 들어 세계은행 홈페이지에는 "세계화는 인류 역사에서 피할 수 없는 현상이다"라는 문구가 있다. 그러나 더 아래로 내려가면 이런 말이 나온다. "[세계화는] 국가들이 다른 나라들처럼 수입 관세 같은 장벽을 낮추고 투자와 무역을 개방할 때 일어난다."2) 세계화는 불가피하게 일어나는 현상이 아니란 것을 세계은행도 알고 있다. 바꿔 말하면 정부가 법을 바꾸어 장려하지 않는 한 세계화는 일어나지 않는다.

근본적으로 오늘날의 '세계화'는 500년 전에 시작한 정복과 식민주의에 새로운 탈을 씌우고 계속 이어가는 착취에 불과하다. 세계화는 현재 전 세계로 더 깊숙이 침투해서 생태계, 지역과 지방 경제, 국가 경제를 빨아들여 중앙에서 관리하는 단일 글로벌 경제를 형성하고 있다. 단일 글로벌 경제의 발판은 영원한 성장과 무시무시한 소비지상주의, 즉 기업 지배다.

무역 규제의 완화 혹은 철폐

경제 세계화는 글로벌 무역과 투자의 규제를 완화하거나 철폐하는 것이다. 주로 '자유' 무역 조약과 협정을 통해서 규제를 완화한다. 현대의 초대 무역 협정에 해당하는 관세무역일반협정(GATT)은 제2차 세계대전의 여파로 성립되었고, 관세와 이른바 '무역 장벽'을 줄인다는 뚜렷한 목적이 있었다. 1990년대부터 무역 협정의 체결 수는 가파르게 상승했고, 1994년에는 중요한 분수령을 이루었다. 북미자유무역협정(NAFTA)이 발효되고, 세계 무역을 규제하는 초국적 기관인 세계무역기구(WTO)가 창설되었다. 그때부터 말 그대로 지역·상호 무역과 투자 협정 수천 개가 비준되었다. 이 글을 쓰는 동안에도 더 많은 협정이 물밑 협상을 거치고 있지만 크기와 범위에서 타의 추종을 불허하는 협정은 범대서양무역투자동반자협정(TTIP)과 환태평양경제동반자협정(TPP)이다. TTIP는 미국과 유럽연합이 협상하고 있고, TPP는 캐나다, 호주, 뉴질랜드, 일본, 멕시코를 비롯한 여섯 나라가 협상하고 있다. TTIP와 TPP를 합치면 국제 무역의 거대 다수를 포함하는 '자유' 무역 지대가 형성된다.[3]

이러한 협정은 공통으로 기업과 해외 투자자에게 국가 경제를 드나들면서 노동력과 자원이 싸고 세금이 낮고 환경과 사회를 보호하는 조치가 느슨하거나 아예 없는 '유리한 사업 환경'을 물색할 수 있는 자유를 허락한다. 경제 개발과 빈곤 분야에 권위가 있는 경제학자 제프리 삭스(Jeffrey Sachs)는 다음과 같이 설명한다.

"자본이 국경을 자유롭게 넘나들게 되면 국가들은 서로 경쟁한다. 이를테면 다른 나라보다 법인세율을 낮추고 규제를 완화하고 환경오염을 묵인하고 근로기준법을 적용하지 않는 식으로 자본을 유치하여 이윤 증대를 약속한다. 각국 정부가 경쟁하면 자본은 '바닥을 향한 경주'를 이용해 이윤을 챙긴다. 정부들은 다른 나라에 비해 한 걸음이라도 더 앞서려고 세금과 규제를 한없이 내린다. 결국 모든 나라가 패자가 된다. 경제 운영에 필요한 세수입과 규제를 놓치기 때문이다. 최종적으로 최대 패자는 국경을 자유롭게 이동할 수 없는 노동자다."4)

자유 무역 조약이 '세금과 규제를 한없이 내리는' 방법 중 하나는 무역이나 해외 투자를 방해하는 국가 정책이라면 무엇이든지 철폐해 버리는 것이다. 인간적인 근로 조건을 요구하는 국내 노동법이든 대기와 수질 오염을 제한하는 규제든 가리지 않는다. 예를 들어 '투자자국가소송' 제도를 비롯한 여러 조약에 따르면 민간 기업이 국가의 규제 때문에 기대 수익을 거두지 못하면 정부를 상대로 제소할 수 있다. 거대 담배회사 필립 모리스는 호주 정부를 상대로 투자자국가소송을 제기했다. 공공 보건이란 명목으로 담배 포장지를 바꾸라고 규제했다는 이유로 말이다. 지난 수십 년 동안 체결한 국제 무역 조약들 때문에 대다수 국가는 협정에 묶여서 대기업과 은행의 요구를 묵묵히 따를 수밖에 없다. 따르지 않는 국가는 자국의 법정이 아닌, 은밀하고 기업친화적인 중재 재판소에서 벌어지는 값비싼 법률 분쟁에 휘말린다.

민주주의를 공격하는 자유 무역

투자자국가소송 건수는 현대의 첫 '자유' 무역 조약이 법적 효력을
발휘한 1990년대 중반부터 급격하게 증가했다. 2014년 말까지 소
송 건수는 모두 608건이었다. 2014년 한 해에 새롭게 제기된 소송
만 42건에 달했다. 재판이 종결된 소송에서 투자자의 손을 들어준
사건은 25퍼센트, 국가의 손을 들어준 경우는 37퍼센트, 나머지는
합의나 중단으로 끝났다.5)

투자자국가소송의 대표 사례들6)

기업 VS 공공 보건 : 필립모리스 VS 우루과이와 호주

미국 거대 담배회사 필립모리스는 금연법을 시행한 우루과이와 호
주를 제소했다. 필립모리스는 담뱃갑의 경고 라벨과 무광고 포장 때
문에 회사 상표를 제대로 표시하지 못해서 시장 점유율이 현저히 낮
아졌다고 주장한다.

기업 VS 환경 보호 : 바텐팔 VS 독일

2012년 스웨덴 거대 에너지회사 바텐팔은 독일을 상대로 투자자국
가소송을 제기하고, 핵발전소 두 곳의 손실에 대한 손해배상액 37
억 유로를 청구했다. 이 사건은 후쿠시마 원전 사고 뒤에 독일이 탈

핵을 결정했기 때문에 발생했다.

기업 VS 금융 위기 : 공공 서비스 VS 아르헨티나

아르헨티나가 2001-2002년 금융 위기에 대응하여 공공요금을 동결하고 통화절하를 단행하자 CMS에너지(미국), 수도회사 수에즈비방디(프랑스) 같은 기업들이 40건이 넘는 소송을 제기했다. 2008년 말까지 판결액은 전부 10억 달러가 넘었다.

기업 VS 환경 보호 : 론파인 VS 캐나다

미국 거대 에너지회사 론파인리소스는 북미자유무역협정(NAFTA)을 근거로 캐나다에 손해배상액 2억 5000만 달러를 요구했다. 캐나다가 무슨 '죄'를 지었을까? 기술이 환경을 파괴한다고 우려한 퀘벡주에서 프래킹 공법을 전면 금지했기 때문이다.

기업 VS 공공 보건 : 아흐메아 VS 슬로바키아

2012년 말 네덜란드 보험회사 아흐메아(전 유레코)는 슬로바키아에 손해배상액 2200만 유로를 받으라는 판결을 받았다. 슬로바키아 정부가 이전 행정부의 민영화 정책을 뒤집고 보험사에게 비영리에 준하는 경영을 요구했기 때문이다.

국제 무역은 '자유' 무역 협정이라는 날개를 달고 폭발적으로 성장했다. 1950년에 비하면 지금은 거의 32배나 증가했다.7) 경제 활동에서 수입과 수출이 차지하는 비율도 과거보다 훨씬 더 증대했다. 1960년 무역량은 세계 생산량의 25퍼센트를 밑돌았다. 그러나 2012년에는 60퍼센트까지 치솟았다.8) 이 막대한 성장으로 기업들은 세력을 넓혔고 글로벌 경제를 주물렀다.

국가와 인간은 수천 년 동안 무역 활동을 하고 있다. 그러나 과거의 사람들은 대부분 장거리 무역을 중요하게 여기지 않았다. 가장 중요한 경제 목표는 비교적 가까운 거리에서 이용할 수 있는 자원으로 사람들의 수요를 해결하는 것이었다. 잉여 생산물을 외부인들과 교역하는 일은 현지에서 꼭 필요한 수요를 해결한 뒤에 이어지는 부차적인 문제였다.

그러나 이제 국제 무역은 그 자체가 목적이 되었다. 오늘날 강조하는 무역의 기원은 1817년 정치경제학자 데이비드 리카도(David Ricardo)가 주장한 이론까지 거슬러 올라간다. 리카도는 나라들이 '비교우위'가 있는 재화를 특화해서 생산하고, 필요하되 더 이상 생산하지 않는 재화를 잉여 재화와 교환하는 편이 더 낫다고 주장했다. 원래의 목표는 '효율'을 높이는 것이지만, 오히려 매우 비효율적이고 비경제적인 결과를 초래하고 말았다. 그러나 사회와 환경이 떠안아야 하는 비용 대부분을 '외부로 빼기' 때문에, 즉 납세자나 환경에 떠넘기기 때문에 그 이론의 결점은 금방 알아채기 어렵다. 정부는 지금도 계획을 수립하고 어떤 결정을 내릴 때 여전히 비교우위를 따진다. 비교우위는 자유 무역의 핵심 신조다.

정부들은 무역이 늘 이롭고 무역을 하면 할수록 언제나 더 낫다는 잘못된 신념으로 무역 인프라에 거금을 투자하고, 무역 조약을 맺고 해외 투자에 경제를 개방하고, 자국과 로컬 기업의 일자리와 자원을 보호하는 법과 규제를 폐지한다.

경제 전체가 무역에 의존하면서 거의 모든 생활이 영향을 받는다. 그 사실을 특히 잘 알 수 있는 부분은 모든 사람이 날마다 먹는 유일한 재화인 식량이다. 오늘날 유럽과 북미의 사과 생산지에 가면 뉴질랜드에서 수입한 사과를 볼 수 있다. 스페인의 슈퍼마켓 시트러스코스트의 선반에는 아르헨티나에서 수입한 레몬이 있는 반면 현지에서 생산한 레몬은 버려서 썩는다. 몽골은 우유를 생산하는 가축이 인구보다 10배나 많은데도 가게에 가면 현지에서 생산한 유제품보다 유럽에서 수입한 유제품이 더 많다.

더 심각한 문제는 '과잉 무역'이다. 영국은 평균적으로 한 해에 우유 수백만 리터와 밀과 양고기 수천 톤을 수출하는데, 그와 거의 똑같은 양을 수입하고 있다.9) 이런 식으로 비슷한 재화를 수출입하는 나라는 영국 외에도 아주 많다. 말 그대로 똑같은 재화를 수출하고 수입하는 경우도 있다. 〈뉴욕 타임스〉에 따르면 "노르웨이에서 파는 대구 필레는 현지에서 잡은 대구를 중국으로 수출해서 가공한 뒤 다시 수입한 제품이다." 생선 하나가 1만 6000킬로미터를 왕복하는 셈이다.10)

기후 변화가 급증하고 화석 연료가 점점 줄어드는 시대에 자원을 낭비하면서 무역을 한다는 것은 스스로 탄소배출량을 줄이려고 노력하는 개인들의 선의를 무색하게 만드는 행위나 다름없다. 대체 무슨 혜택이 있기에 현지에서 생산하는(그리고 사실 수백 년 동안 생산했던) 식량이나 기초 재화를 그렇게 멀리까지 보냈다가 다시 가져온단 말인가. 이러한 무역 협정을 가리켜 어떻게 경제적으로 '효율적'이라고 말할 수 있단 말인가. 차차 알게 되겠지만 이 같은 지나친 무역으로 이득을 얻는 쪽은 거대 기업밖에 없다. 이러한 일이 전부 가능한 것은 효율 때문이 아니라 수많은 보조금과 눈먼 비용 때문이다.

비효율을 감추는 보조금

세계화를 지지하는 사람들은 국제적으로 교역하는 여러 재화의 저렴한 비용이 경제 효율의 근거라고 말한다. 그러나 글로벌 경제를 지원하는 방식을 자세히 보면 이러한 주장을 일축할 수 있다. 정부들은 국제 조약을 통해서 무역을 장려할 뿐 아니라 수천억 달러를 들여서 감세, 시장 접근 프로그램, 생산 보조금, 대출 보증을 비롯한 각종 혜택으로 자국의 무역업계를 직접 지원한다.

국가 정부들만 국제 무역을 지원하는 게 아니다. 주 정부와 지방 정부도 대기업의 발 앞에 레드카펫을 펼친다. 예를 들어 〈뉴욕 타임스〉의 탐사보도에 따르면 미국의 주 정부와 지방 정부들은 해마다 세금 혜택, 국유지 무상 지원, 기반 시설 보조, 저금리 대출을 비롯한 800억 달러가 넘는 지원을 약속하면서 외지 대기업들을 유인, 보유한다. 그러한 지원 프로그램은 "(높은 연봉을 받는 로비스트를 고용한) 대기업들이 독차지하고 중소기업들은 거의 받지 못한다."11)

정부는 간접적으로 또는 드러나지 않게 대기업을 지원하기도 한다. 예를 들어 장거리 운송비용을 감면하는 화석연료 보조금은 글로벌 경제를 간접 지원한다. 그럼으로써 세계화가 전 세계에 퍼뜨린 대량소비를 위한 에너지 집약적 대량 생산 체제를 떠받친다.

정부가 무역 위주의 경제에 필요한 인프라에 투자하는 것도 간접 지원에 해당한다. 납세자들이 유지하는 인프라들은 다음과 같다.

장거리 운송망 - 다차로 고속도로와 도로망, 컨테이너 터미널, 공항, 고속철도, 컨테이너 시설, 수출가공지역 등.

에너지 인프라 - 대규모 중앙 집중식 발전소(핵발전소와 대형 수력 발전소 포함), 석유 시설, 가스와 타르 오일 송유관 등.

고속 통신정보망 - 위성, 이동전화망, TV, 라디오, 인터넷.

연구개발기관 - 공업과 농업 분야에서 노동자를 대체할 기술과 글로벌 경제를 떠받칠 물리적 인프라를 확대하고 현대화할 기술을 연구하는 기관.

중소기업과 시민도 인프라를 쓰기는 하지만 초국적 기업과 세계 공급 사슬이 받는 혜택은 지나치게 많다. 그러니 2014년에 경제 규모가 전 세계에서 가장 큰 20개국이 G20 글로벌 인프라 구상을 시작하면서 수조 달러를 들여서 인프라 투자를 확대하겠다고 약속한 것은 당연한 수순이다. 그 발표를 듣고 여러 생태학자는 경악했지만 세계 무역을 하는 기업들은 환영했다.12)

정부가 드러나지 않게 경제 활동을 지원함으로써 일어나는 악영향의 한 가지 예가 바로 건강을 위협하는 공해나 기후 변화로 일어나는 피해다. 기업이 그러한 비용을 순익에서 차감하는 경우는 거의 없다. 오히려 이렇게 '외부로 빠지는' 비용은 고스란히 사회와 환경이 부담한다. 결국 드러나지 않는 지원 덕에 기업은 이익을 조작해서 부풀린다. 저널리스트 제프 스프로스(Jeff Spross)는 해마다 산업이 지구의 '자연 자본'(산림, 토양, 수산, 홍수림, 생태계 서비스 등)을 거의 7조 4000억 달러씩 쓰고 있다는 기사를 쓰면서 "문명은 식량, 물, 공기, 생존 자체를 생태 환경에 의존한다. 따라서 바꿔 말하면 글로벌 경제는 대부분 시장이 생태 환경의 가치와 효용을 계산하지 못하고 있기 때문에 (한시적으로) 가능한 대규모 폰지 사기극이나 다름없다"라고 말했다.13)

이러한 직간접적인 지원 제도 때문에 지구 반대편에서 가져온 상품의 인위적인 가격이 동네에서 생산한 상품에 비해 더 싸게 보일지도 모른다. 스페인에서는 중국에서 수입한 마늘이 스페인 현지에서 재배한 마늘에 비해 반값에 팔린다. 그러나 중국산 마늘 가격에는 운송에서 발생하는 공해는 물론 운송 인프라 비용도 빠져 있다.

보조금의 종류

직접 보조금

해마다 미국의 기업과 무역협회들은 시장접근프로그램(MAP)을 통해서 약 2억 달러를 지원받아 해외 시장을 확대한다. 지원받는 상품의 종류는 웰치스의 포도주스와 블루다이아몬드, 아몬드부터 맥주, 주류, 사탕, 애완동물 사료까지 다양하다.14)

미국의 정부 기관인 수출입은행은 미국의 상품과 서비스를 수입하는 해외 구매자들에게 대출이나 대출 보증을 해 준다. 2013년 수출입은행은 69억 달러를 직접 대출했는데, 대출금의 81퍼센트가 벡텔과 제너럴일렉트릭을 포함한 다섯 기업의 제품 수입이었다. 아울러 보잉 한 회사의 수출을 지원하는 데 전체 대출보증금인 122억 달러의 65퍼센트를 썼다.15)

정부들은 흔히 해외 수출품 생산에 직접 보조금을 지원한다. 미국의 환경단체 환경워킹그룹(EWG)의 추정에 따르면 미국 정부는 1995년부터 2012년까지 대규모 단일품종 경작지에서 재배해서 해외로 수출하는 다섯 가지 곡물(옥수수, 면화, 쌀, 밀, 콩)에만 2560억 달

러를 지원했다. 그 지원금의 75퍼센트에 달하는 돈을 산업농 기업

의 10퍼센트를 차지하는 거대 기업농이 받았고, 다양한 작물을 재

배해서 주로 지역의 소비자에게 공급하는 대다수 가족농들은 보조

금을 한 푼도 받지 못했다.16) 유럽연합의 공동농업정책의 하나인

농업 보조 프로그램 역시 로컬의 가족농보다 대규모 산업 농장과 수

출 위주의 기업농을 편파적으로 지원한다.

국책감시단체 굿잡스퍼스트(Good Jobs First)는 미국의 주 정부와

지방 정부가 기업을 유치하려고 기업당 7500만 달러 이상을 지출

한 경제 개발 '대형 거래' 보조금 240건을 찾아냈다. 엑손모빌, 로열

더치쉘, 시티그룹, 골드만삭스, 월트디즈니, 제너럴일렉트릭, 다우

케미칼, 아마존, 애플, 인텔, 삼성 등 우리가 잘 아는 초국적 기업들

도 보조금을 받았다.17) 월마트는 미국에서만 주 경제 개발 보조금

을 10억 달러 이상 받았다.18)

경제 위기가 닥치면 정부들은 흔히 대기업을 지원하려고 안간힘을

쓴다. 2008년 금융 위기 후에 로컬 은행과 중소기업들은 망했어도

거대 기업(특히 대형 금융기관)들은 값싼 구제금융이라는 형태의 정

부 지원을 상당히 많이 받았다. 전체적으로 미국 연방준비은행은 4

조 7000억 달러에서 29조 달러까지로 추정하는 구제금융을 미국 전역의 은행에 지급했다. JP모건체이스, 시티그룹, 골드만삭스 같은 대기업들은 애초에 금융 위기를 일으킨 직접적인 원인 제공자인데도 구제금융을 받았다.19)

간접 보조금

대량 생산과 국제 무역에 쓰이는 에너지에는 막대한 보조금이 들어간다. 그래서 '효율적'으로 돌아가는 것처럼 보인다. 국제통화기금(IMF)의 한 연구에 의하면 세계의 화석 연료 보조금은 해마다 무려 5조 3000억 달러에 이른다. 1분마다 1000억 달러를 쓰는 셈이다.20)

어떤 투자 분석 보고서를 보면 1995년에서 2013년까지 전 세계 인프라에 들어간 투자액은 약 36조 달러에 이른다. 이는 대부분 공적 자금이다. 그 보고서의 결론은 다음과 같다. 2013년에서 2030년까지 약 57조 달러를 도로, 철도, 항만, 공항, 수력, 전력, 통신을 비롯한 인프라에 투자해야 글로벌 경제 성장을 유지할 수 있다.21)

2014년 유엔에서 실시한 한 조사에 따르면, 2008년 전 세계 상위

36

3000개 기업의 환경적 외부 효과는 무려 2조 2000억 달러에 달한다. "같은 해 7개국을 제외한 전 세계 모든 나라의 국가 경제보다 훨씬 더 많은 금액이다."[22)]

또 2014년에 실시한 어떤 연구에 의하면, 인간의 활동으로 발생하는데도 무시하고 있는 생태학적 비용을 추산하면 한 해에 총 4조 3000억 달러에서 20조 2000억 달러까지 달한다. 미국의 한 해 경제 규모가 약 16-17조이고, 글로벌 경제의 규모가 한 해 약 70조이니 생태학적 비용의 규모를 짐작할 수 있다. 같은 보고서의 계산에 따르면 초원, 습지, 산호초, 산림 같은 전 세계 자연 생태계에서 인간이 얻는 혜택은 해마다 약 143조 달러에 이른다.[23)]

가장 큰 외부 효과인지도 모르는 기후 변화에 관해 2013년에 실시한 어떤 연구에 의하면 "지난 150년 동안 소비한 화석 연료는 대부분 '탄소 대기업' 90개가 다 채굴했다. 곧 텍사코와 엑손모빌 같은 투자자소유기업 50개, 사우디아람코와 페멕스 같은 국영기업 31개, 구소련과 중국을 비롯한 여러 나라의 공기업 9개이다. 화석 연료에서 배출한 배기가스는 산업 시대에 대기로 배출한 탄소의 거의 3분의 2를 차지한다."[24)]

어떤 면에서 오늘날의 경제는 과거 500년 동안 남반구 국가들의 문화와 토지, 경제를 수탈해서 이룬 세계화의 결과다. 남반구의 원자재와 시장, 노예를 포함한 노동력을 오랫동안 이용하지 못했다면 서양의 선진공업국가들은 수세기 넘게 세계를 지배할 수 없었을 것이다. 노예무역의 정확한 비용은 계산할 수가 없지만 배상청구액은 수십조에서 수백조 달러에 이른다. 25)

금융 규제의 철폐

무역 규제의 철폐와 더불어 세계화를 이끄는 중요한 동력은 해외 투자와 투기를 가로막는 장벽을 제거하는 금융 규제의 철폐다. 금융 규제 철폐는 이미 1970년대에 여러 나라에서 시작했지만 1999년에 급격하게 속도를 더했다. 세계 금융 서비스 활동의 95퍼센트 이상을 차지하는 세계무역기구 회원국 70개국이 "은행과 증권, 보험을 비롯한 금융 부문에서 해외 투자를 제한하는 규제를 없애거나 완화"하기로 합의했기 때문이다.26) 그 뒤로 체결한 수많은 상호무역협정과 지역무역협정에 금융 서비스의 규제 철폐 조항이 들어갔다.

자본이 더 높은 수익을 찾아서 점차 국경을 자유롭게 넘나들자 뉴욕과 런던, 프랑크푸르트, 싱가포르 같은 금융 허브는 규제 감독을 더 완화하여 금융 자본을 유인하는 '바닥을 향한 경주'에 나선다. 새로운 시장과 복잡한 금융 상품이 탄생하자 금융 활동은 폭발적으로 성장한다. 국경을 넘는 자본의 흐름은 1980년 5000억 달러에서 2007년 11조 8000억 달러까지 증가했다.27) 금융 체계는 매우 복잡해지고, 전 세계적으로 서로 맞물리면서 결과적으로 몹시 불안정해졌다.

금융 규제 철폐로 금융 위기는 당연히 더 자주 일어나고 더 심각해졌다. 이윤을 찾아서 흐르는 막대한 자본이 마우스 클릭 한 번으로 여러 나라를 빠르게 들락거리면 경제 전체가 급속히 불안해져서 실업률이 치솟고 경제 불황이 닥칠 수 있다. 금방 들어왔다 금방 빠지는 자본의 흐름은 멕시코(1994년), 터키(1994년, 2001년), 동남아시아(1997년), 아르헨티나(2001년)에서 경제 위기를 일으켰다. 더 가까운 예로 금융 규제 철폐는 2008년 세계 금융 위기의 주요 원인이기도 했다.

설상가상으로 경제가 서로 점점 더 맞물리면서 금융 위기의 전염력은 더 강해지고 한 나라에서 일어난 위기는 다른 나라로 금방 옮아간다. 이 같이 위기가 극심한데도 불구하고 2008년 위기 이후에 나온 더 강력한 금융 규제안들은 흐지부지되거나 약화되었다. 한편 금융 규제 철폐를 늘리고 확대할 새로운 조치들이 환태평양경제동반자협정(TPP)과 범대서양 무역투자동반자협정(TTIP) 조약에 들어갔다.

세계의 금융 체계가 변동하는 이유는 그 안에서 도는 돈에 '유령 자산'이 너무 많기 때문이다. 작가 데이비드 코튼(David Korten)은 유령 자산을 "실제 가치나 효용과 무관하며 분식 회계와 자산 거품으로 마술처럼 생기거나 사라지는 금융 자산"

이라고 정의한다.28)

　유령 자산은 대부분 규제가 풀린 은행들이 부채의 피라미드를 쌓아서 만든 것으로, 은행들은 거품이 많은 자산으로 유령 담보를 만들어 대출을 더 늘린다. 은행은 예금액의 일부만을 지급준비금으로 남기고 나머지는 대출과 투기성 사업에 쓸 수 있다. 금융 규제가 완화된 지난 수십 년 동안 은행의 지급준비율은 계속 떨어졌고, 오늘날 경제에서 순환하는 돈의 약 97퍼센트, 즉 수십억 달러에서 수조 달러에 이르는 디지털 화폐가 대출에서 나왔다.29) 은행은 대출을 승인할 때마다 원금과 이자를 '창출'한다. 사실상 민간 은행은 돈을 찍어내는 면허를 받은 셈이다.

　공급되는 돈은 꾸준히 늘어나지만 그 돈은 사회에 필요한 일에 쓰이기보다 수익을 가장 많이, 가장 빨리 얻을 수 있는 목적에만 쓰인다. 대부분이 순전히 투기 목적에 쓰이는 것이다. 돈을 더 많이 벌겠다는 심산이다.

　금융과 주식 시장에서 대규모 투기성 거래의 부채 비율은 2008년 세계 금융이 붕괴한 원인이었다. 그 위기에서 얻은 교훈에도 불구하고 높은 부채 비율은 여전히 글로벌 경제의 중요한 특징으로 남아 있다. 2015년 맥킨지세계연구소의 보고서에 의하면 "대공황 이후 최악의 금융 위기를 초래한 세계 신용 거품이 가라앉은 지 7년이 흘렀지만 부채는 계속 증가하고 있다. 사실 부채나 부채 비율이 줄기는커녕 오늘날 주요 경제는 모두 2007년에 비해 국내총생산(GDP) 대비 부채 비율이 더 높아졌다. 7년 동안 세계 부채는 57조 달러까지 증가했다."[30]

금융 규제 철폐는 급격하게 증가하는 불평등을 조장하기도 한다. 대규모 투기 세력이 한 나라의 환율에 배팅하면 그 화폐 가치는 하룻밤에 곤두박질할 수 있다. 소수의 투자자는 부자가 되지만 다수는 혹독한 시련에 처한다. 상품 시장에서도 실제 상품을 거래하지 않는 투기성 거래 비율이 아주 높다. 그러나 투기는 현실에 큰 영향을 미친다. 투기 세력이 농산물에 배팅하면 농산물 가격이 하락해서 농부들이 파산하기도 하고 반대로 급등해서 수백만 명이 굶주리기도 한다. 그래서 2008년에는 여러 개발도상국에서 식량 폭동이 일어났다.[31]

2008년 금융 위기가 발생한 뒤 아주 잠깐이었지만 주식 시장과 금융 부문 수익, 그리고 월스트리트의 보너스는 하늘 높은 줄 모르고 치솟은 반면 일반 노동자의 임금은 1970년대 수준에 머물렀다. 최근 미국 경제를 진단한 두 학자의 말마따나 "금융의 대두로 소득 불평등이 증가하고 소득은 상위에 집중된다."[32]

한편으로 끝없는 성장 때문에 생태계가 파괴되어 지금은 생물권 자체가 위협을 받는데도, 이자가 붙는 부채가 계속 증가하는 현 체제는 경제를 더 성장시켜서 더 이상 경제 위기를 초래하지 않아야 한다는 구조적인 당위성을 획득한다.

이 체제는 확실히 폭력적이고 통제할 수 없다.

금융의 대량살상무기

새로운 금융 상품은 금융 통합과 규제 철폐가 심화하는 상황에서 확산되었다. 가장 일반적인 금융 상품은 파생 상품으로, 파생 상품의 가격은 부동산 대출이나 상품 선물, 주식 시장 지수, 화폐 가치 같은 다른 금융 상품의 가치 변동에 따라 달라진다.

파생 상품은 2008년 금융 위기를 일으킨 원인이었기 때문에 대중의 주목을 받았다(주택저당증권, 부채담보부증권, 신용부도스와프 등이 이유였다). 전 세계 파생 상품의 가치는 1990년부터 급격하게 늘었다. 2013년 <타임>의 보도에 따르면 "확실히 알 수는 없지만 추정하건대 미결제 파생 상품의 액면가는 모두 1000조 달러에 육박한다. 즉 전 세계 연간 국내총생산(GDP)의 14배를 웃돈다."33) 터무니없이 복잡하고 의심스러운 파생 상품 시장은 규제를 거의 받지 않고 체제 전체를 계속 불안정하게 만들고 있다. 그래서 워렌 버핏은 파생 상품을 가리켜 '금융의 대량살상무기'라고 말했다.34)

부채와 구조 조정, 그리고 긴축

개발을 하려면 에너지와 운송, 수출 위주의 산업과 농업에 맞춘 인프라가 필요하다. 개발도상국이 그러한 인프라를 건설하려면 막대한 자본을 빌릴 수밖에 없는데 수출 가격이 하락하면 부채를 상환할 수 없다. 그러면 더 대출을 받는 대가로 '구조 조정'을 해서 국제 '경쟁력'을 강화하라는 압박을 받는다. 즉 복지를 줄이고 해외 투자 규제를 풀고, 무역 인프라를 더 확충하라는 압박이다.

세계은행·국제통화기금은 남반구 국가에 돈을 빌려줄 때 보통 그 같은 조건을 내건다. 이러한 조건을 받아들이지 않은 나라는 거의 없다. 대출 상환은 끊이지 않고, 지불해야 하는 이자만도 국가 연간 예산의 상당한 부분과 맞먹을 정도이니 천연 자원이나 총생산의 상당 부분을 넘겨주는 길 외에는 달리 갚을 길이 없다.

세계화 탓에 북반구의 '부유한' 국가들조차 부채와 종속에서 빠져 나오지 못하기는 마찬가지다. 초국적 기업들은 점차 정부를 상대로 세율을 낮추고 보조금을 늘리지 않으면 공장을 '해외 이전'하겠다고 협박한다. 아울러 정부들은 가뜩이나 없는 재정을 쪼개서 늘어나는 실업자 대책을 마련하고, 실직자를 재훈련하고, 낙후한 사회 구조를 개선하고, 규제 없이 이동하는 기업들이 파괴한 환경을 복구해야 한다.

어쩔 수 없이 국제 금융기관에 고개를 숙여야 하는 나라들은 점차 늘어나는 이자를 국가 예산으로 갚을 수밖에 없어서 점점 더 후퇴한다. 오늘날 빚을 갚느라 허덕이는 국가가 아주 많은 것은 당연한 일이다. 반면에 글로벌 기업과 은행에는 현금이 차고 넘친다.

최근에 스페인과 포르투갈, 그리스를 비롯한 여러 국가가 그러한 일을 겪었다. 미국조차도 피하지 못했다. 2011년 부채 한도 위기 상황에서 미국은 최고 신용등급을 잃고 정치인들은 정부 부채를 더 늘리는 문제를 두고 논쟁을 벌였다. 겨우 막바지에 이르러서야 부채 한도를 인상하기로 타결하여 부도 위기를 넘겼다. 똑같은 상황이 2년 뒤에 반복되었다. 2015년 중반 미국의 국가 부채는 18조 달러를 웃돌았다.[35]

작은 국가는 부채가 적어도 나라가 휘청거릴 수 있다. 채권자들을 달래려면 긴축 정책이 필요하고, 이는 흔히 실업률 증가, 사회 복지 프로그램 축소, 대규모 시위로 이어진다.

정부들이 선택할 수 있는 해결책이 부채를 늘리고 자치

를 포기하는 것뿐이라면 앞으로도 상황은 나아지지 않을 것이다.36)

글로벌 기업의 지배 체제

날로 증가하는 무역을 진흥시킬 목적의 보조금과 법령은 무역과 금융 규제 철폐의 날개를 달고 시장의 규모를 세계로 확대했다. 그러면서 초국적 대기업과 은행은 로컬에서 활동하는 중소기업의 시장을 공략하고 흡수하며 더 비대해졌다. 여러 대기업은 이제 너무 커져 버려서 정부보다 더 큰 경제적, 정치적 힘을 행사하면서도 유권자에 대한 책임은 지지 않는다. 2011년 세계 175대 경제 주체 중에 111개가 기업이었다.37) 쉘 단 한 회사의 수입은 110개국 각각의 국내총생산보다 많고, 아일랜드와 뉴질랜드, 방글라데시 세 나라를 합친 것보다 더 많다(그런데도 미국 정부만 해도 쉘을 비롯한 석유 대기업들에게 한 해 100억 달러에서 52조 달러에 달하는 보조금과 감세 혜택을 주고 있다).38)

2011년 세계 최대 경제 주체들

경제 세계화에 힘입은 대기업은 정책 수립에 유례없는 힘을 발휘한다. 순진한 정부는 '자국' 기업이라고 믿는 초국적 기업을 지원하지만 오늘날의 기업은 결코 지역에 충성하지 않는다. 대기업을 향한 선의는 정부와 기업 사이의 '회전문' 인사에서 비롯하기도 한다. 예를 들어 현재 미국 케이블 산업에서 주요 로비 집단인 케이블통신협회 최고경영자는 미국 연방통신위원회(FCC)의 위원장을 지낸 사람이다. 현 FCC 위원장도 케이블통신협회 최고경영자 출신이다.39) 이토록 뻔뻔한 이해관계 충돌은 이제 다반사다. 2011년에 발표한 어떤 조사에 따르면 지난 10년 동안 미국 입법부 의원 출신 400명, 의회 직원 출신 5400명이 로비스트로 활동했다.40)

    정부는 세계무역기구가 감독하는 중요 무역 원칙이든, 북미자유무역협정(NAFTA), 범대서양무역투자동반자협정(TTIP), 환태평양경제동반자협정(TPP) 같은 지역별 조약이든 여러 양국간 상호 무역 협정이든 무역 조약 체결을 협상할 때 시민의 이해관계를 앞세운다고 주장한다. 그러나 실상 협상 테이블에 앉는 대표자들은 필시 초국적 기업들을 위해서 일한다. 예를 들어 TPP 협상은 아무도 모르게 밀실에서 열렸고 시민들은 유출된 문서를 보면서 어떤 발언이 오갔는지 알 수 있을 뿐이다. 한편 600명이 넘는 기업의 '무역 고문'들은 처음부터 협상장에 앉아 있었다.**41)**

　　선거 기부금도 일정한 역할을 한다. 예를 들어 미국 상원에서 TPP '신속처리안건'을 논의하는 동안 미국의 여러 거대 기업이 모인 TPP지지미국기업연합회 회원들은 100만 달러가 넘는 돈을 주요 상원 의원들의 선거 운동에 기부했다. 반부패 운동 시민단체 레프리젠트닷어스(Represent.Us)의 대변인 만수르 기드파르(Mansur Gidfar)는 "요즘은 국회의원들이 돈을 거부하는 일이 드물다. 그들은 재선에 쓸 돈이 필요하거나 나중에 로비스트가 되고 싶을 때를 대비해 정확히 누구에게 잘 보여야 하는지 잘 알고 있다"라고 말했다.**42)**

　　종합해 보면 이동이 지나치게 자유로운 초국적 기업, 규제가 풀린 은행이 만들어내는 돈, 정권과 기업의 유착 관계에서 글로벌 기업이 지배하는 체제가 탄생한다. 결국 민주주의가 무너지고, 전 세계가 '바닥을 향한 경주'에 나서고, 거의 모든 나라에서 사회와 환경, 보건의 기준이 가장 낮은 수준으로 내려간다.

장기적으로 계속 세계화하는 경제에서는 승자가 없다. 가장 먼저 나타나는 패자는 소농과 빈민, 소외 계층이다. 그러나 세계화의 경제·사회·환경 비용이 증가하면 소수의 부자들조차 그 영향에서 벗어나지 못할 것이다. 생태계가 파괴되고 사회 구조가 무너지면 그들도 살아가기가 고통스러울 테니까.

세계화로 치러야 할 대가

실종된 생계 보장

기업들이 값싼 노동력과 규제가 느슨한 노동 환경을 찾아서 전세계를 다니자 생계 보장이란 말은 옛말이 되었다. 대표적인 사례가 멕시코와 미국 양국 시민들의 생계를 박탈한 북미자유무역협정(NAFTA)이다. 경제정책연구소는 NAFTA의 영향으로 미국에서 일자리 68만 2900개가 사라졌다고 추정한다.[43] 멕시코 가족농도 큰 타격을 입었다. 미국에서 많은 보조금을 받으며 수출하는 옥수수가 멕시코로 밀려들어가자 멕시코 가족농이 받는 옥수수 가격은 1990년대에서 2005년까지 60퍼센트 넘게 하락했다.[44] NAFTA가 시행된 후 소농 수백만 명이 혜택을 받기는커녕 농업 인구 200만 명이 완전히 사라졌다. 무역 협정의 이점은 찾아볼 수가 없다. 미국과 멕시코 국경 지방에 세운 (노동자들이 지역 사회와 떨어져 열악한 환경에서 힘들게 일해야 하는) 공장에서 새로운 일자리를 제공했지만 2014년 멕시코 실업률은 1994년보다 더 높아졌다.**45)**

세계 곳곳에서 대기업이 로컬 중소기업의 자리를 차지하며 일자리가 사라진다. 예를 들어 거대 온라인 기업 아마존에서는 소매 매출 1000만 달러 기준으로 약 14명을 고용한다. 시내 중심가의 상점에서는 같은 소매 매출 기준으로 47명을 고용한다.**46)**

심각한 환경 파괴

세계화는 자원을 집약한 성장 지상주의 소비자 경제를 퍼뜨려서 이미 산업화로 심각하게 파괴된 생태계를 더 황폐하게 만든다. 환경 파괴의 증거는 전 세계에 차고 넘친다. 기업농 탓에 영양분 고갈과 침식으로 표토가 급격하게 감소하고 있다. 대체 불가능한 산림 지대가 글로벌 목재와 석유, 탄광 산업으로 깡그리 사라지는 중이다. 지상의 다양한 동식물 개체 수가 자연스러운 생물 멸종 속도에 비해 100배에서 1000배까지 빠르게 사라진다. 생물 다양성 파괴는 지구 대멸종을 예고한다.**47)** 육지의 야생동물은 생존에 허덕이고, 오대양도 플라스틱 쓰레기, 오염, 산성화, 수산업으로 몸살을 앓는다. 인간의 생존 또한 기후 변화로 위협을 받고, 경제 세계화는 그러한 위협을 더 가중한다. 세계무역기구조차 "개방 무역을 할수록 탄소 배출은 더 늘어난다"는 것을 인정한다.48)

금융과 무역 규제 철폐가 이어지자 거대 채굴 기구가 탄생하고, 거대 채굴 기구는 에너지와 자원을 더 많이 얻으려고 수조 달러를 쏟아 부어 가스 프래킹, 산정 제거, 오일 샌드 채굴, 심해 유전, 핵발전소, 지구 공학을 이용한다. 게다가 개발도상국 국민들이 서양의 생활 방식을 모방하기 시작하자 상황은 급속도로 나빠지고 있다. 인도는 이미 세계 탄소 배출국 3위로 올라섰다. 2030년에는 1인당 탄소 배출량이 3배로 뛸 것이다.49) 2014년에 국가별 생태발자국(Ecological Footprint : 인간이 사는 동안 자연 환경에 미친 영향을 토지의 면적으로 환산한 수치_역주)을 산출해 발표한 보고서는 모든 사람이 미국인의 꿈을 실현하는 세계 소비자 경제를 만들기가 불가능하다고 강조한다. 인류 전체의 1인당 생태발자국이 미국인 평균과 같아지려면 지구 3.9개가 필요하다.50)

그러한 추세에 속도를 더하는 세계화는 생명 세계의 요구를 거스른다. 유한한 지구는 점점 더 많이 소비하는 경제 체제를 유지할 용량이 부족하다. 그러나 세계화는 점점 더 많은 사람이, 사실상 전 인류가 이 파괴적인 체제의 일원이 되어야 한다는 것을 전제한다.

탄력을 상실한 경제

세계화는 국가들에게 생산을 특화해야 한다고 떠밀기 때문에 대다수의 나라가 국내의 기본 수요조차 수입에 의존하는 형편이다. 복잡한 수출입 체계에 얽히는 바람에 국가는 통제할 수 없이 불안정한 글로벌 경제에 발이 단단히 묶여 버렸다. 천재지변, 전쟁, 질병, 경제 불황은 물론 투기가 어느 한 곳에서 발생하면 수천 킬로미터 떨어진 나라들도 직접 영향을 받는다. 경제 세계화가 새로운 체제적 위기와 약점을 일으킨다는 증거는 끝없이 늘어나고 있다.

무너진 민주주의

세계무역기구(WTO), 국제통화기금(IMF), 유럽연합 집행위원회(EC) 같이 시민이 선출하지 않은 무책임한 각종 기구가 의사결정을 좌우하면 개인의 영향력은 꾸준히 줄어든다. 민주주의 국가를 표방하는 나라에서조차 사정은 비슷하다. 국민은 여전히 국가와 지자체 지도자를 선출할 권리가 있지만 좌우에 있는 정당들이 모두 기업과 은행 이해관계자의 소원을 들어주고 있으니 선거를 해 보았자 의미가 없다. 더구나 기업의 이해관계자들은 세계화 덕분에 더 부자가 되어 로비스트, 선거 기부금, 정치 광고에 지출하는 비용을 점차 높일 수 있으니 정부의 의사결정에 더 큰 영향을 행사한다.

극심한 양극화

글로벌 성장은 "밀물이 들어오면 모든 배가 뜬다"라는 공허한 구호와는 반대로 빈부 격차를 더 벌어지게 만든다. 이제 세계에서 가장 부유한 80명의 부는 가난한 인구의 절반인 30억 명 이상의 부를 합친 것과 맞먹고, 불평등은 더 심해졌다.[51] 역사적으로 부유한 나라와 가난한 나라는 부의 격차가 컸다. 그러나 세계화가 전 세계를 휩쓸면서 대부분 나라에서 소득 불평등은 시급한 문제로 떠올랐다. 예를 들어 중국에서는 1980년과 2010년 사이에 불평등의 격차가 두 배 가까이 늘어났다. 최근에 실시한 어떤 설문 조사를 보면 중국인은 부패와 실업보다 불평등이 더 큰 사회 문제라고 응답했다.[52] 남아프리카공화국에서도 아파르트헤이트 시대가 끝난 뒤로 부의 격차가 늘어나 달동네 바로 옆으로 경비원이 지키는 호화로운 주택 단지가 보란 듯이 붙어 있다.**53)** 심지어 선진공업국가도 거의 모두 1970년대부터 소득 불평등이 증가했다.**54)**

해로운 도시화

세계화가 농촌 경제를 무너뜨리자 수많은 사람이 도시로 이동하고 있다. 특히 남반구에서는 글로벌 경제로 자립 체제가 무너지고 있어서 도시 인구가 폭발적으로 증가하고 있다. 2005년에는 무려 10억 명이 도시 슬럼가에 살았고, 2030년에는 두 배로 늘어날 전망이다.

세계화 시대에 '발전'과 '성장'이라는 명목으로 진행하는 개발 사업으로 터전을 잃은 사람은 수천만 명에 이른다. 2015년 국제탐사보도언론인협회(ICIJ)가 발표한 내용에 의하면 세계은행이 지원한 개발 사업 때문에 지난 10년 동안에만 "약 340만 명이 물리적 또는 경제적 터전을 잃었다. 그들은 집에서 쫓겨나고 땅을 빼앗기고 생계가 끊겼다."**55)** 이러한 인구 이동 때문에 대형 슬럼가가 생긴다. '개발도상'국의 슬럼가에는 이미 거의 10억 명이 살고 있다.**56)**

중국은 특히 강제적인 도시화의 실상을 적나라하게 보여 준다. 중국은 향후 수십 년 동안 경제 성장과 발전이라는 명목으로 농촌 인구 수억 명을 도시로 이주시키는 것을 국가 정책으로 삼았다. <뉴욕 타임스>의 보도에 따르면 "중국 정부가 정한 현대화 정책의 최종 목표는 2025년까지 중국 인구의 70퍼센트, 즉 약 9억 명을 도시 생활에 통합시키는 것이다."[57] 이 정책을 두고 중국 정부가 겨냥한 수십억 중국 농민을 위한 무한한 발전의 청사진이라고 주장하는 사람들이 있지만, 중국의 공장들이 점차 자동화하는 마당에 도시로 이주하는 수많은 노동자들이 일자리를 찾을 공산은 낮다(중국에서도 이른바 '고용 없는 성장'이 시작되었다). 더구나 도시에는 노동자를 몹시 착취하는 일자리가 많다. 미국노동총연맹산업별노동조합회의(AFL-CIO)가 지적한 대로 중국의 주요 경제적 우위는 중국 정부가 "노동자의 권리를 계속 탄압하고 농촌에서 이주한 약 1억 명을 가혹하게 착취하는" 데 있다.[58]

선진공업국가에서조차 도시화 과정은 계속 이어진다. 글로벌 경제에서 일자리는 마구잡이로 뻗어나가는 수도권과 근교에 몰리는 반면 농촌 지역은 전체적으로 경제적 활기를 잃었다.

도시화는 수많은 사회 문제와 더불어 차츰 늘어나는 자

원 소비와 인구 증가의 원인이다. 사실상 도시 인구의 물질적 수요는 거의 전부 타지에서 가져와야 하고, 도시에서 배출하는—농촌에서라면 대부분 쓸모가 있었을—쓰레기는 고농축 오염원이 된다.

위협받는 식량 안보

세계화와 단일품종 재배는 구조적으로 연결되어 있다. 글로벌 기업은 거대한 동질 소비자 집단에 물건을 대량으로 판매하지 않으면 성공하기 어렵다. 곧 농업 다양성이 급격하게 낮아진다. 그들은 단기 수익을 낼 수 있는 소수의 단일품종을 생산하려고 다양한 지역 품종 수천 종을 버린다. 지난 세기에 전 세계 농업 다양성의 약 75퍼센트가 사라지는 바람에 유전자원이 줄어들어 곳곳에서 식량 안보가 위협을 받고 있다.[59]

이제 몇몇 기업이 서서히 지배력을 넓혀서 전 세계 식량 공급을 장악하고 있다. 그러면 일반적인 통념과 반대로 자연 자원을 비효율적으로 낭비하게 된다. 실제로 대단위 단일품종 재배는 소단위 다품종 재배에 비해 에이커당 생산성이 낮다. 기업이 지배하면 신선하고 영양가 많고 건강에 좋은 음식이 아니라 포장 정크 푸드에 둘러싸인 이른바 '식품 사막'에 사는 사람들처럼 식량을 선택할 수 없는 사람들이 증가한다. 그 어느 때보다 기업들이 식량 공급을 엄격하게 통제하는 오늘날은 인류 전체가 충분히 먹을 수 있는 식량이 생산되고 있는데도 약 8억 7000만 명이 영양 부족에 허덕인다.**60)**

건강의 악화

세계화는 건강을 악화시킨다. 서양 사회에서는 비만, 당뇨병, 심장병, 암이 유례없는 발병률을 보이고 있고 상위 개발도상국들에서도 같은 현상이 빠르게 일어나고 있다. 그러한 문제를 일으키는 큰 원인은 유전자를 조작하고 농약 잔류물, 방부제, 인공 향료, 가공 유지가 잔뜩 남아 있고 장기간 보관과 장거리 운반으로 영양가가 사라진 글로벌 식량이다. 또한 공해, 앉아서만 하는 일, 유대감과 공동체 의식의 부족도 원인이다.

여러 기업이 주도하고 있는 메가 기술 때문에 발생하는 의료비용도 있다. 산업농에는 발암성 물질이 든 투입물이 많고 소량에도 극히 해로운 환경호르몬이 들어 있는 것도 있다. 최근에 휴대전화와 무선 장비의 이용으로 마이크로파가 기하급수적으로 증가했지만, 인체에 어떤 영향을 미치는지는 아직 제대로 밝혀지지 않았다. 나노 기술도 그렇다. 나노 기술로 만든

일상용품이 많지만 장기적으로 인체에 미치는 효과를 충분히 살피지도 않고 출시에만 급급했다.

글로벌 경제가 의존하는 막대한 에너지의 양은 날로 증가하는데 거기서도 건강을 악화시키는 원인이 광범위하게 나타난다. 화석 연료에 의존한 결과로 공해 관련 호흡기 질환의 발병률이 증가한 것은 물론 제련소 근처 '발암 지역'까지 문제는 수없이 많다. 핵발전소가 건강에 끼치는 악영향은 수세대 후에도 후쿠시마 발전소 주위에서 느낄 수 있을 것이다. 핵발전소에 쌓여 있는 사용 후 핵연료와 저농도 방사성 물질 수백만 톤은 지금도 건강에 해롭고 수천 년 뒤에도 해로울 것이다.

심리적 불안

저개발국가에 사는 사람들은 서양 소비자의 생활 방식을 이상적인 모습으로 포장하면서 지역의 전통과 생활 방식은 은근히 비하하는 미디어의 이미지 공격을 날마다 받는다. 도시는 세련된 곳이고 농촌은 낙후된 곳이라는 이미지, 수입한 가공식품과 공산품이 현지 생산품보다 우월하다는 이미지, 또는 중국의 어느 광고회사 중역의 말마따나 "수입품은 오지고 국산품은 후지다"라는 메시지다.61) 2014년 글로벌 광고 지출은 500억 달러를 넘었고, 남반구의 후발산업국가들은 소비 상승률의 정점을 찍었다.**62)** 사람들은 지역에서 생산한 식품 대신 맥도날드 햄버거를 먹고 지역에서 생산한 옷 대신 디자이너 청바지를 입을 뿐 아니라 할리우드 영화와 미국 스타일의 광고에 나오는 금발 머리 푸른 눈의 스타들을 흉내 내면서 정체성을 바꾸기까지 한다. 그러나 인류 대다수는 이러한 인위적인 이상을 실현하기가 불가능하다. 그래서 흔히 열패감과 열등감, 자기 거부감을 깊이 느낀다.

매혹의 진앙에 산다는 서양인들조차도 그러한 감정을 피하지 못한다. 어떤 사람이든 어디에 살든 획일적인 글로벌 소비문화는 실현 불가능한 이상을 심어주고 불안 심리를 부추기며, 상업적인 마케팅으로 매력과 인기를 높여주고 '쿨하다'는 말을 들을 수 있다는 제품에 지갑을 열게 만든다. 이러한 과정의 공격 목표는 어린이들이다. 여러 선진공업국가의 18세 미만 집단에서 약물 남용과 폭력, 자살이 꾸준히 증가하고 있다. 세계보건기구(WHO)의 발표에 의하면 "전 세계에서 어린이를 포함해 3억 5000만 명 이상이 우울증을 앓고 있다." 그리고 현재 우울증은 "세계적으로 장애의 가장 큰 원인이 되었다."**63)** 어쩌면 가장 충격적인 사실은 2010년 WHO가 발표한 대로 제

2차 세계대전 이후로 전 세계 자살률이 60퍼센트 증가했다는 것인지도 모른다.64)

종족과 인종 갈등

획일적인 문화와 편견을 조장하는 동시에 경제 불안까지 고조시키는 경제 체제에서 전 세계에서 일어나는 폭력과 사회불안은 충분히 예상할 수 있는 현상이다. 자존감 상실과 아울러 점차 부족해지는 일자리를 두고 치열하게 벌이는 경쟁으로 사회 분열은 깊어진다. 살벌한 경쟁 체제에 갇혀 의욕을 상실한 사람들은 이민자에 대한 편견과 인종차별, 적개심을 키울 수밖에 없고, 인종 집단 사이의 갈등도 높아진다. 자긍심을 잃고 가족을 부양할 능력마저 박탈당한 남자들은 절망감을 이기지 못하고 여자와 아이들에게 폭력을 쓰기도 한다. 전 세계적으로 이슬람, 기독교, 유대교, 힌두교와 불교에서까지 온갖 형태의 종교 근본주의가 나타나고 있다.

2.

헬레나와의 대화 I.

글로벌에서 로컬로

세계화가 아주 많은 문제의 공통 원인이라면 글로벌에서 로컬로 방향을 바꾸는 지역화가 체계적인 해답을 줄 수 있는 것이 분명해 보인다. 그러려면 두 가지 사뭇 다른 차원의 노력이 필요하다. 즉 풀뿌리 운동과 정책 변화를 동시에 병행해야 한다. **상향식** 풀뿌리 차원에서 로컬의 수많은 기업은 현재 기본 수요를 장악하고 있는 소수의 독점 기업들보다 더 뛰어나다는 것을 이미 증명해 보였다. 이러한 지역 사회 기반의 경제 구조는 사회와 경제 구조를 재편하여 자연과 인간의 기본 욕구를 모두 충족시킨다. 그러나 이러한 구상을 더 확대하려면 **하향식** 정책 변화도 필요하다. 세금 혜택과 보조금을 로컬로 돌려야 하고, 무역과 금융을 다시 규제해서 (은행을 포함한) 기업들이 지역에 기반을 두고 사회가 정한 규칙과 법을 지키도록 해야 한다.

근본적인 방향 전환을 요구하면 수많은 사람들의 반대에 부딪힌다. 반대의 이유는 저마다 다르지만 여기서는 그 반대편에 선 이들의 질문에 대한 반박을 답변으로 담았다.

지역화란 무엇인가?

지역화(localization). 명사. 1. 현재 거대 초국적 기업과 은행
에 유리한 재정과 여타 지원을 끊는 것. 2. 지역에 필요한 재화
를 생산하고 수출 시장 의존도를 낮추는 것(흔히 고립주의, 보
호주의, 무역 폐지로 오해한다).

지역화란 경제를 분권화하여 지역 사회와 지방, 국가의 자치를 더

튼튼하게 만드는 것이다. 모든 지역 사회가 완전히 독립해야 한다는

뜻은 아니다. 단지 되도록 생산자와 소비자 사이의 거리를 줄이고,

기업이 독점하고 장악하는 글로벌 시장과 로컬 시장의 균형을 잘 잡

자는 뜻이다. 추운 지방에 사는 사람들은 오렌지나 아보카도를 먹지

말라는 것이 아니라, 반경 80킬로미터 안에서 생산할 수 있는 밀이

나 쌀, 우유 같은 그들에게 필요한 기본 식량을 수천 킬로미터 떨어

진 곳에서 수입하지 말자는 것이다. 장거리 무역을 모두 폐지하자

는 것이 아니라, 지역화로 전환하면 불필요한 운송이 줄어들고 지역

사회 경제뿐 아니라 국가 경제도 튼튼해지고 다양해질 것이라는 의

미다. 최종적으로 지역마다 다양성의 정도, 생산한 재화와 무역량이

자연스럽게 달라질 것이다.

Q.

세계화가 빈곤을 해결할 수 있지 않을까요?

남반구 국가에 사는 사람들이 빈곤에서 탈출하려면 북반구
시장이 필요하고, 북반구의 자립도가 지금보다 훨씬 더
높아지면 제3세계 경제가 무너진다는 것이 통념입니다.
그러나 소규모 지역 생산으로 서서히 방향을 전환하면
북반구와 남반구 전체에 이롭고 모든 곳에서 보람 있는
노동과 완전 고용의 효과를 거둘 수 있습니다. 현재의 세계화
경제에서는 남반구의 상당히 많은 자연 자원을 북반구에
원자재로 보내야 합니다. 남반구의 가장 좋은 농지는 북반구에
필요한 식량과 섬유뿐 아니라 심지어 화초를 길러서 보내는
데 쓰이고 있습니다. 더구나 남반구의 수많은 노동자는
북반구 시장에 내다팔 값싼 공산품 제조 공장에서 일합니다.
북반구에서 수입을 줄이고 자체 생산을 늘리면 남반구는 더
가난해지기는커녕 자체적으로 쓸 수 있는 자원과 노동력,
생산이 더 증가할 것입니다. 예를 들어 최근 조사한 바에
따르면 외국 정부와 기업들이 주로 수출용 식량과 바이오 연료
작물 생산을 위해 차지하고 있는 토지를 이용하면 아시아와

아프리카, 오세아니아에 사는 5억 5000만 명이 먹을 수 있는 식량을 생산할 수 있습니다.**65)**

간혹 세계화를 국제 협력, 여행, 인도주의적 가치와 연관시키는 사람들이 많습니다. 그러나 근본적으로 세계화는 경제적 과정입니다. 그건 신자유주의 사상의 핵심이었고, 제2차 세계대전 이후부터 기업의 핵심 의제였습니다. 남반구에서는 '개발'이라고 부르고 북반구에서는 이를 '진보'라고 부릅니다. 그러나 북반구든 남반구든 근본적인 과정은 똑같습니다. 결국 기업과 금융, 정치의 규제 완화, 중앙 집중화, 민영화로 이어질 뿐입니다.

Q.
지역화는 국제 협력의 시대를 거스르는
고립주의가 아닌가요?

국가들이 협력해서 글로벌 현안들을 풀어야 한다는 것은 틀림없는 사실입니다. 정부와 풀뿌리 단체는 모두 똑같이 국경에 구애받지 않고 정보를 공유하고 체결한 협정을 이행해서 공해와 빈곤, 대립을 줄이는 데 힘써야 합니다.

그런데 안타깝게도 그러한 국제 협력이 가능하려면 경제 세계화가 필요하다고 믿는 사람이 많습니다. 그러나 앞에서 살펴보았듯이 세계화는 대립과 경쟁을 더 많이 조장하고, 한시라도 빨리 해결해야 할 사회 문제와 환경 문제를 더 악화시키고 있습니다. 기업이 사회의 규칙을 정하기보다는, 사회가 기업의 규칙을 정할 수 있게 국가들이 힘을 모아 다국적 기업의 힘을 규제하는 것이 진보를 이루는 가장 전략적인 방법입니다.

다시 말하자면, 지역화는 고립주의도 민족주의도 아닙니다. 선과 악의 대결도 아닙니다. 오히려 체제의 문제를 인식하고 더 큰 그림을 이해하자는 겁니다. 시민도 정치도 함께 저항하고 회복해야 합니다. 세계화가 더 이상 진행되지 않게 저항하는 동시에 식량, 에너지, 금융 등 여러 경제 부문에서 지역화를 회복해야 합니다. 이것이야말로 진정 지속가능한 사회로 가는 전략적인 길이라고 확신합니다.

지역화란 결국 사회 공학의 한 형태를 의미하는
것인가요?

지역화로 방향을 전환하려면 국제적인 정책 변화가
필요합니다. 오늘날 사회 공학과 환경 공학이 유례없는
규모로 주목 받는 까닭은 바로 **고용 없는 성장** 때문입니다. 전
세계와 경제 전체가 글로벌 성장의 필요에 따라 변하는 동안,
세계 곳곳에서는 사람들이 자신들의 언어와 음식, 의복을
버리고 표준화한 획일 문화를 받아들이는 것을 멋으로 여기고
있습니다. 인도와 중국 같은 나라에서 정책 결정권자들은 농촌
인구 수억 명에게 도시로 이주하라고 노골적으로 강요합니다.
위에서 아래로 지시하는 중앙 집중식 처방과 달리 지역화는
다양한 공동체가 스스로 미래를 정하고 추구할 기회를 창출할
수 있습니다.

Q.

인류 대다수가 농사를 짓고 살기에는 땅이
부족하지 않나요?

사람들은 인구 과잉 때문에 가족 단위로 고립된 생활을 해야
한다고 말합니다. 그러나 현대의 중앙 집중식 체제는 공간을
훨씬 더 많이 차지합니다. 오늘날 광대한 도시들 사이의 관계와
도시가 차지하는 면적을 생태계의 먹이 사슬에 비유한다면,
상단에 위치한 도시의 소비자일수록 더 많은 땅을 차지하고
있습니다. 소 한 마리가 차지하는 공간은 텃밭의 크기와
비슷하지만 소를 먹일 곡물을 기를 땅과 그 땅으로 끌어들이는
물과 그 물을 끌어들이느라 말라버린 땅을 생각한다면 소 한
마리가 차지하는 땅은 분명히 텃밭보다 훨씬 더 큽니다. 대도시
하나의 인구는 작은 지역 사회로 흩어져 있는 똑같은 인구에
비해 물리적으로 차지하는 공간은 작지만 에너지 사슬에서는
상위에 존재합니다. 도시는 1인당 소비량도 높습니다.
고속도로, 교통, 중고차 주차장, 유전, 식품가공공장, 대기와
수질과 토양의 오염 등은 현대 도심이 자연과 가까운 분산된
지역 사회보다 자원을 더 많이 사용하고 궁극적으로 공간을 더

많이 차지한다는 뜻입니다.

또 한 가지, 잊지말아야 할 것은 오늘날 인류의 약 절반이, 주로 제3세계 사람들이 여전히 농촌에 거주한다는 사실을 우리는 너무 자주 잊어버리고 있다는 점입니다. 그들을 무시한 채 도시화가 인간의 조건인 것처럼 말하는 것은 매우 위험한 오해입니다. 그러한 오해 때문에 도시화가 더 급격하게 진행되고 있습니다. 그래서 미국이나 유럽의 많은 인구를 농촌으로 보내자고 말하면 몽상가 취급을 받는 반면, 중국이 2025년까지 농촌 인구 2억 5000만 명을 도심지로 옮기겠다는 계획을 발표해도 놀라는 사람이 많지 않습니다.

북반구에서조차 농촌 사회는 서서히 사라지고 있고 농촌의 인구는 일자리가 집중적으로 몰려 있는 대도시로 갈 수밖에 없습니다. 인구의 15퍼센트만 여전히 농촌에 사는 미국은 농부의 수보다 죄수의 수가 더 많습니다.**66)** 농부로 살아가는 인구가 많은 다른 나라들에 미국의 모델을 제시할 수는 없습니다. 현실이 이러한데도 왜 "인구가 많아서 마구잡이로 뻗어나가는 거대 도시를 더는 만들 수 없다"라고 말하는 사람은 없는 걸까요?

도시에서 사람들이 실제로 차지하는 땅의 면적은 작지만 전
세계 도심지는 극도로 자원 집약적인 곳입니다. 중앙 집중식
대규모 체제는 지역에 적합한 다양한 소규모 체제보다 거의
예외 없이 환경을 더 심하게 해칩니다. 도시에 필요한 식량,
물, 건축 재료, 에너지는 전부 막대한 에너지를 써야 하는
인프라를 통해서 아주 멀리서 가져와야 합니다. 도시에서
배출하는 농축 폐기물은 트럭과 바지선에 실어서 멀리
보내거나 소각하고 있어 환경에 심각한 피해를 끼칩니다.
창문이 열리지 않는 유리와 강철 건물에서는 팬과 펌프, 재생
불가능한 에너지를 사용하여 사람들이 숨을 쉴 수 있도록
공기까지 공급해야 하는 형편입니다. 파리의 가장 부유한
구역에서 콜카타의 빈민가까지 도시의 사람들이 먹는 식량은
점점 더 늘어나는 포장과 운송에 의존하고 있기 때문에
도시에서 소비하는 식량 1파운드마다 석유 소비가 더 많고
공해와 쓰레기도 상당히 많이 발생합니다.
문제는 도시 자체가 아닙니다. 농촌의 환경과 균형을 유지하는

작은 마을과 도시는 생태계와 문화의 활력을 유지할 수 있습니다. 그러나 오늘날의 도시화는 도시와 농촌의 건강한 관계를 계속 허물고 있습니다. 도시화는 끊임없이 중앙 집중을 요구하기 때문입니다. 가장 기초적인 수요에서 동떨어져 마구잡이로 뻗어나가는 대도시에 사람들은 계속 몰려듭니다. 그러한 수요를 채워서 돈을 버는 기업들에게는 도시화가 **효율적**이겠지만, 생태와 자원의 관점에서 보면 지속가능하지도 않고 효율적이지도 않습니다.

Q.
하지만 도시에 사는 것을 선호하는 사람이 더
많지 않습니까?

어디서나 사람들은 도시 생활에 더 끌리게 마련이고, 그래서 도시화의 물결은 돌이킬 수 없다는 말을 많이 합니다. 그러나 사람들을 도시로 끌어들이는 심리적이고 구조적인 압박이 대단히 많다는 것을 알아둘 필요가 있습니다. 경제 세계화가 동틀 무렵에는 사람들을 무력과 대량 학살로 압박해서 도시로 내몰았고, 그 뒤에는 낭만적으로 포장한 현대 도시 생활로 계속 압박했습니다. 천박하고 무식하고 희망이 없는 농촌 생활에서 벗어나 현대적인 도시로 오라고 손짓하는 메시지였죠.

오늘날에도 그와 비슷한 심리적 압박을 영화, 텔레비전, 광고, 교과서, 교실은 물론이고 심지어 인터넷에서도 느낄 수 있습니다. 우리가 지식을 얻는 거의 모든 곳에는 도시화, 경제 성장, 기술 발전으로만 인간의 삶을 개선한다는 전제가 깊이 박혀 있습니다.

아울러 우리가 내는 세금 역시 조직적으로 도시화에 쓰입니다. 그 때문에 작은 도시와 마을, 농촌은 점점 낙후합니다. 세계화의 현 단계에서 산업 경제는 정보나 서비스 경제로 바뀌었지만, 도시화의 압박은 꺾이지 않고 계속 이어지고 있습니다. 도시에서 최첨단 문화를 누릴 수 있다는 선전은 여전히 많고, 일자리와 경제적 기회는 첨단 기술 도시와 도시 근교에 몰려 있습니다.

이렇듯, 불가피하게 일어나는 일이란 전혀 없습니다. 자원과 취업의 기회가 소도시와 농촌에도 있다면 틀림없이 거주민이 늘어나서 경제와 문화가 번영할 것입니다. 수년 전 핀란드 헬싱키에서 이런 설문 조사를 한 적이 있습니다. "지금 하는 일을 소도시에서도 할 수 있다면 그래도 수도에서 살겠습니까,

소도시에서 살겠습니까?" 응답자 대다수는 대도시를
떠나겠다고 말했습니다. 선진경제권 도처에서 일어나는
새농민 운동, 영속농업 운동, 생태마을 운동에서 알 수 있듯이
적극적으로 땅으로 돌아가려는 젊은이들이 점점 더 늘고
있습니다.

Q.
굶주림을 없애기 위해선 산업형 농업이 필요하지
않을까요?

산업형 농업을 지지하는 사람들은 현대 농업이 그 어느
때보다 생산성이 한층 높아서 식량 체계의 강도를 더 높이고,
세계화하면 기아가 사라질 것이라고 설득력 있게 말합니다.
그러나 농약, 비료, 유전자 조작, 첨단 가공 기술에도 불구하고
전 세계에는 매일 굶주린 채 잠드는 사람들이 너무나 많습니다.
세계화의 목표는 건강한 식량을 사람들에게 충분히 공급하는
것이 아니라, 거대 농기업, 슈퍼마켓 체인, 초국적 식품기업이
돈을 벌 수 있게 돕는 것이기 때문입니다.
정말로 기아가 사라지길 바란다면 식량 체계를 지역화해야

합니다. 2013년 유엔무역개발위원회가 발표한 보고서에도 "국제 시장에 의존해 주식(主食) 수요를 채우는 반면 '수익성' 환금 작물을 특화 생산해서 수출하는 것은 최근까지 바람직한 결과를 얻지 못했다."[67]고 나와 있습니다. 보고서를 작성한 60명의 국제 전문가들은 **모자이크식** 식량 생산, 소농 지원, 농업 다양성, 자급을 권장했습니다. 그렇게 하면 빈곤과 기아를 줄일 수 있을 뿐 아니라 전체적으로도 식량을 더 많이 생산할 수 있습니다. 전 세계에서 발표하는 연구 결과를 보면 소규모 다품종 농지가 대규모 단일품종 농지보다 단위 면적당 총 생산량이 더 많습니다. 예를 들어 케냐에서 연구자들이 발견한 사실에 따르면, 케냐의 모든 농장이 전국에서 가장 작은 농장만큼만 생산해도 케냐의 농업 생산량은 두 배로 증가합니다.[68] 그러나 안타깝게도 케냐의 농지는 여전히 외국 기업들이 차지하고 있습니다. 그들은 광활한 농지를 통합한 뒤 수출용 단일품종만 재배합니다.

공정 무역뿐 아니라 국제 무역은 모두 다 공정해야 합니다. 공정 무역이란 것도 결국 글로벌 기업들이 어디든 싸게 사서 비싸게 팔아 이윤을 남길 수 있게 하는 시장 기반 해법입니다. 사람들은 좋은 일에 돈을 쓴다고 느끼지만 실제로는 여전히 착취 시스템에 갇혀 있습니다. 물론 우리는 모든 무역이 공정하길 바라지만 불공정한 게임에 휩쓸린 상황에서 그게 실제로 가능할까요?

오늘날의 공정 무역 기준이 지침은 될 수 있어도, 수출을 위한 생산이 아니라 로컬에 필요한 생산을 더 강조해야 합니다. 무역 조건이 공정하더라도 해외 시장에 의존하는 생산자는 불안할 수밖에 없습니다. 자연 자원을 보호, 보존하고 지역의 기업을 먼저 지원하여 로컬에서 필요한 생산을 자체 공급할 수 있다면 북반구와 남반구의 국가들에 훨씬 더 이로울 것입니다.

Q.

나날이 발전하는 기술에 힘입어 시장에서 해법을
찾을 수도 있지 않을까요?

기업과 정부는 우리가 직면한 환경과 사회의 위기를 해결할
새롭고 굉장한 방법을 찾으려고 노력하고 있지만, 문제의
원인을 제대로 알지 못합니다. 생태에 관심이 깊은 여러
건축학자, 디자이너, 경제학자, 환경운동가, 학자들조차
디자인과 기술의 새로운 발전이 지구를 살리고 인류의 지속
가능한 미래를 연다고 믿고 있습니다. 안타깝게도 이러한
해법 대부분은 그들이 해결하고자 하는 바로 그 문제를
일으킨 기업의 사고방식과 똑같습니다. 시장에 기반한 해법에
의존한다는 건 대기업에 유리하게 기울어진 시장에 의지한다는
뜻입니다.
예를 들어 기업은 글로벌 규제보다 시장 거래가 탄소 배출을
줄이는 가장 좋은 방법이라고 대중을 설득해 왔고 대중은 그
말을 믿습니다. 그런 식으로 기업은 힘을 유지할 뿐 아니라
더 강해집니다. 이를테면 탄소 배출권 거래는 기본적으로
돈을 지불하고 공해를 일으킬 권한을 산업에 부여합니다.

모든 생명이 의존하는 대기를 최대 입찰자에게 팔 수 있는
상품으로 만든 것이죠. 최대 다국적 기업은 여느 국가보다도
더 부유합니다. 마찬가지로 시장 기반 접근법은 지구의 남은
우림을 '보호하는' 방법이라고 말합니다. 그러나 브라질의
활동가 카밀라 모레노(Camila Moreno)가 지적하듯이
이런 제안은 언제나 공유지였던 땅의 민영화와 상품화를
촉진합니다. 카밀라는 이렇게 묻습니다. "우리는 생물의
다양성이 존재하고 토착민이 살고 있는 지상의 마지막 공공
산림과 공유지를 금융 시장과 연계된 국제적인 공공정책에
맡기겠다는 것인가?"라고 말입니다.

Q. 그렇다고 다시 과거로 돌아갈 수는 없지
   않습니까?

오늘날 우리가 목격하는 환경과 사회의 파괴는 경제 규모와
그걸 주도하는 기업 가치의 결과물입니다. 나는 라다크에서
지내면서 지역 경제가 튼튼해야 지속가능성과 행복을 이룰 수
있다는 통찰을 얻었습니다. 그리고 로컬퓨처와 더불어
40년이 넘게 전 세계를 다니며 세계화에서 지역화로 방향을

체계적으로 전환해야 한다는 것을 알렸습니다. 그러나 현대인들은 첨단 기술의 미래 사회로 도약하려면 과거는 뒤로 해야 한다고 말하며 과거를 무시하는 경향이 있습니다. 지역화 운동은 과거를 이상적으로만 생각하지 않고 지역을 기반으로 한 문화와 그 문화가 소멸한 역사에서 중요한 교훈을 얻고 있습니다. 거기서 우리는 지역의 생태계에 내재한 문화와 지역의 지식이 중요하다는 것을 배우고, 로컬 경제 활동으로 지역 사회가 튼튼해지며 지역 사회에서 개인의 확고한 정체성과 자부심이 형성된다는 것을 배웁니다. 또 한편으로 그것들을 잃어버리면 사람과 땅은 비싼 대가를 치러야 한다는 것도 배울 수 있습니다.

과거를 다시 생각하다: 오래된 미래

자연과 공동체를 가까이하는 문화에서 산다는 것이 무엇인지 알려면 영국의 엔클로저 운동(enclosure movement : 유럽에서 땅을 울타리나 돌담으로 둘러싸고 사유지로 만들고자 소작인들을 추방하는 과정_역주) 이전이나 남반구의 식민지 시대 이전까지 수백 년의 시간을 거슬러 올라가야 한다. 널리 알려진 것은 없지만, 대체로 자립 공동체의 삶을 보여주는 이야기는 수없이 많다. 앞에서 말했던 '작은 티베트'라 불리던 오지 라다크에서도 그러한 단서를 찾을 수 있다. 나는 운이 좋게도 그 전통문화가 아직 글로벌 경제의 영향력 밖에 있을 때 그곳을 온전히 경험할 수 있었다.

높은 산들로 둘러싸인 라다크는 식민주의의 영향뿐 아니라 최근까지 개발의 영향에서도 벗어나 있었다. 1975년 내가 그곳에 도착했을 때까지도 라다크 사람들은 여전히 공동체 기반의 문화와 경제에 자부심을 느끼며 주도적으로 살았다. 그들은 혹독하고 척박한 고산지 환경과 몹시 추운 겨울 기후에도 아랑곳하지 않고 물질적으로, 그리고 정서적으로 더 풍요로웠다. 나는 얼마간 시간이 흐른 뒤 라다크인이야말로 가장 자유롭고 평화롭고 유쾌한 사람들이라는 것을 깨달았다. 아울러 차이와 역경을 수용하는 그들의 태도와 놀라운 인내심이 행복에서 나온다는 것도 발견했다.

그러나 그 뒤로 한 세대도 지나지 않아서 라다크의 문화는 글로벌 경제에 의해 급격하게 변화했다. 개발이 시작되자 로컬 경제는 사실상 해체되었다. 의사결정권은 마을과 가정에 있는 여성에게서 멀리 도심지에 있는 남성이 장악한 관료제로 옮아가고, 초등 교육은 지역의 자원과 필요가 아니라 도시 경제를 대비하는 데 중점을 두었다. 라다크 사람들은 도시 생활이 더 매력적이고 신나고 편리하며 농촌 생활은 뒤떨어지고 지루하다는 식의 은근한 메시지에 물들어 갔다. 그러한 변화 때문에 자부심이 사라지고 옹졸하고 편협한 험담과 불화와 마찰이 늘어 갔다. 일자리와 정치 권력을 두고 치열한 경쟁을 벌이면서 결국 라다크에서 500년 동안 평화롭게 더불어 살았던 불교도와 무슬림이 폭력 사태를 일으키는 사건마저 발생했다.

자세히 관찰해 보면 똑같은 과정이 전 세계의 문화와 지역 사회에서도 일어나고 있다. 예를 들어 내 고국 스웨덴과 거의 모든 선진 공업국은 현대화 과정을 겪으면서 소규모 다품종 식량 생산은 사라지고 대규모 농업만 남았고 급속한 도시화로 지역 사회가 약해졌다. 사람들이 고층 아파트에 혼자 덩그러니 남아서 이웃에 의지하기보다 멀리 떨어져 있는 관료제와 첨단 기술에 의존하고, 점차 여성의 가치와 가족과 공동체, 토지의 유대가 약해졌다. 1980년대가 되자 스톡홀름에서는 1인 가구가 주택의 절반 이상을 차지했다. 아울러 우울증과 알코올 중독, 자살 비율이 날로 증가했다.

세계화 개발 과정이 수십 년째 진행 중인 스페인 같은 나라조차도 작년이 다르고 올해가 다르다. 농민 장터가 사라진 자리에는 수입 식품이 가득한 슈퍼마켓이 들어섰다. 사람들은 걸어서 갈 수 있는 농촌 마을 대신 대도시로 간다. 시골은 플라스틱 포장 쓰레기로 몸살을 앓는다. 사람들은 스트레스를 심하게 느끼고 일하느라 바빠서 남미의 전통적인 휴식 시간인 시에스타를 누릴 틈도 없다.

그러한 경향을 전혀 모르고 현대 도시에 사는 영어권의 사람들은 무엇을 잃어버렸는지 알기 어려울 것이다. 모든 구성원이 생김새가 비슷해지고 영어로 말하고 세계관과 문화 습관마저 서양인과 동일한 **단일 세계**가 탄생하는 것이 당연한 일처럼 느껴질 수도 있다. 그러나 언어와 문화의 다양성은 자연 세계의 다양성과 떼려야 뗄 수 없는 관계이기 때문에 어느 쪽이든 다양성을 없애면 재앙은 똑같이 닥친다.

다양성에 적응해야 한다는 매우 중요한 사실은 500년 동안 정복, 식민주의, 경제 개발에 파묻혀 드러나지 않았다. 획일성은 세계 곳곳으로 침투했다. 지속가능성을 추구하는 사람들도 **획일적인 해결책**을 강구하려는 경향이 있다. 머잖아 사람들은 어디서든 **스마트 도시**에서 하이브리드 자동차를 타면서 채식을 하면서 살아야 한다는 식이다. 그러나 인생에 단 한 가지 공식이란 없다. 모든 풀잎과 새와 벌레부터 수많은 문화 속의 고유한 개인의 정체성에 이르기까지, 모든 곳에는 다양성이 필요하다. 다양성 없이 생명은 공존할 수 없다. 마찬가지로 아주 체계적으로 다양성을 획일성으로 대체하는 세계화도 생명의 법칙에 어긋난다. 그 악영향은 이미 유럽에서 미국, 아프리카에서 아시아까지 북반구와 남반구에서 똑같이 일어나고 있다. 획일적인 세계화로 사람들이 땅을 버리고 날로 커지는 도시로 떠나자 불필요한 경쟁과 스트레스가 생기고 인간과 인간, 인간과 자연의 관계가 끊어졌다. 그리고 이러한 단절은 사회 불안, 환경 파괴, 심리적 안정감이 떨어지는 현상 등으로 나타나고 있다.

지역화는 과거로의 회귀가 아니다. 단지 전통문화의 장점을 인정하는 것이다. 전통문화는 지역의 자원과 지식에 의지해서 사람들의 물질적 필요를 채웠고 환경 피해를 최소화했다. 그리고 공동체의 유대를 최우선에 두어 소속과 안정을 바라는 사람들의 심리적 욕구를 충족시켰다. 우리는 전통문화가 주는 교훈을 기억하면서 현재 우리에게 닥친 위기를 해결할 방법을 찾아야 한다.

3.

우리가

가야 할 길,

로컬의

미래

전 세계적으로 지역화를 이루려면 몇 가지 중요한 단계를 거쳐야 한다. 기업이 사회의 기준을 정하기보다 사회가 기업의 기준을 정하고 정책을 바꾸어야 한다. 맨 먼저, 정부가 우리의 권리를 글로벌 기업에 넘긴 바로 그 협상 테이블로 다시 정부를 불러내 앉혀야 한다. 그리고 힘을 되찾을 수 있는 새로운 조약을 체결해야 한다.

　기업은 지역에 기반을 두어야 한다. 지역화를 통해 기업의 활동에 영향을 받는 사람들에게 책임을 다해야 한다. 정부는 글로벌 대기업을 계속 지원하기보다는 정책적으로 로컬 기업을 더 육성하는 데 힘써야 한다.

미래를 바꾸는 저항의 힘

세계화를 지원하는 공공 정책의 방향을 지역화로 바꾸는 것이 불가능해 보이는 까닭은 전 세계의 정책 결정권자들이 대기업과 은행의 요구를 계속 들어주기 때문이다. 그러나 경제 시스템의 근본적인 변화를 일으키는 운동이 점진적으로 성장하고 있다. 이 운동은 **발전**의 방법(동반 경제 성장, 무역 진흥, 첨단 기술, 기업 후원 등)이 정확히 일치하는 보수나 진보의 정치인들에게 희망을 걸기 보다는, 사회의 근본적인 구조 변화를 추구하고 있다.

기업의 지배에 절대적으로 중요한 것은 무역 조약이다. 1999년 워싱턴주 시애틀에서 세계무역기구에 맞서는 역사적인 시위가 열린 뒤로 G8부터 세계경제포럼(WEF)까지 전 세계 주요 무역 회의가 열리는 곳에는 거의 예외 없이 시위대가 모였다. 때로는 수십만 명이 모이면서 이전에는 대중의 눈에 띄지 않게 숨어서 진행하던 조약 체결 절차에 전 세계인이 관심을 가지고 주목하기 시작했다. 시애틀에서 시위가 열리기 6년 전, 북미자유무역협정이 통과될 때까지만 해도 비교적 저항이 약했다. 그러나 오늘날 환태평양경제동반자협정(TPP)과 범대서양무역투자동반자협정(TTIP)을 비롯한 정부 정책에 똑같은 힘을 행사하려는 기업 협상가들은 의식 있는 시민들뿐 아니라 여러 정치인까지 합세한 거센 저항을 피할 수 없다.

다년간의 시민운동으로 높아진 대중의 인식 때문에 입법기관은 아래에서 올라오는 압박을 느끼고, 표결에 붙이기 전에 협상장에서 감추고 있는 자세한 사항을 밝힐 것을 요구한다. 저항의 분위기 덕분에 지구와 시민의 안전에 근본적인 영향을 미치는 무역 결정은 앞으로 더욱 많은 대중의 감시를 받을 것이다.

시민들의 또 다른 유명한 저항으로는 점령 운동(Occupy movement)이 있다. 2011년 9월 월스트리트 시위에서 출발한 점령 운동은 전 세계로 빠르게 번졌다. 수천 번씩 모이고 수백 개의 캠프를 설치한 시위대는 유례없이 벌어진 사회 격차를 줄이려고 노력하면서 공동체 의식을 싹 틔웠다. 상위 1퍼센트에 맞선 나머지 99퍼센트는 세계적인 주목을 끌었고 평범한 사람들의 걱정을 정치 의제로 만들었다. 시간이 흘러 캠프는 해산했지만 점령 운동의 근본정신은 여전히 굳건히 남아 있다.

시민운동은 서로 연대하여 양분된 좌우를 초월하고, 구태의연한 정치를 넘어서고 있다. 이러한 생각들이 미국과 유럽에서 형성되고 있는 '새경제연합(new economy coalitions)'에서 퍼져나가고 있다. 시민단체들이 힘쓴 덕분에 국가와 지역 차원에서 로컬 푸드와 지역 사회의 권리를 비롯한 지역화의 여러 핵심 요소를 지원하는 법이 통과되었다.

마찬가지로 이탈리아의 포퓰리스트 반부패 정당인 오성운동(M5S:The Five Star Movement)은 전통적인 정당 격차를 줄이고자 힘쓴다. M5S는 2013년 총선에서 공공 용수, 지속 가능한 교통 체계, 역성장, 환경보호주의를 발판으로 상당한 표를 얻었다.

집단의 크기가 상대적으로 작더라도 조직이 튼튼하고 구성원의 식견이 넓으면 큰 영향력을 발휘할 수 있다는 것을 알 수 있는 사례들이다. 정부의 방향을 바꾸는 것은 불가능한 일도 아니고 가망이 없는 일도 아니다. 세계화를 통한 성장이 서민의 생계와 연금 기금을 위태롭게 만들고 정부를 가난하게 만들기까지 한다는 것, 그리고 환경을 급격하게 해친다는 것을 이해하는 사람이 충분히 많아지면 가능한 일이다.

큰 그림 행동주의

이미 진행하고 있는 풀뿌리 사업들이 수없이 많음에도 불구하고 때론 너무 막강한 글로벌 경제의 거인들을 막기에 역부족인 것처럼 보인다. 그러나 글로벌 경제가 지구와 인간에게 막대한 피해를 준다는 사실을 아는 사람이 점점 더 많아지고 있기 때문에 지금이야말로 의미 있는 변화가 일어날 가능성이 그 어느 때보다 크다.

현 체제가 환경 문제를 일으킨다는 것은 꽤 오랫동안 분명히 드러났는데 지금은 사회 문제를 일으킨다는 것도 더욱 확실해졌다. 빈부 격차는 터무니 없을 정도로 벌어지고, 시민 대다수의 실질 소득은 하락하고, 더 오래 일하지 않으면 기본적인 필요조차 충족하지 못한다. 정부들은 이제 시민들의 요구보다 국제 은행들의 요구를 더 들어준다. 그중에는 가난해서 제할 일을 하지 못하는 정부도 많다. 사람들은 무언가 근본적으로 잘못되었다는 것, 현 체제를 조금 손보는 것만으로는 문제를 해결할 수 없다는 것을 이해하기 시작했다. 근본적인 변화를 받아들일 준비가 된 사람들의 수가 임계치에 달했다. 이제해야 할 일은 우리가 직면한 위기의 근본 원인을 명확하게 설명하고 의미 있는 해결책을 제시하는 것이다.

그 변화를 만들어 낼 결정적 다수를 만드는 것, 바로 그것이 내가 말하는 '큰 그림 행동주의(big picture activism)'의 목표다. 시민의 의식을 높이려면 이론을 분석하는 것만으로는 부족하다. 새로운 지역화 사업의 감동적인 사례를 날마다 보여줄 수 있어야 한다. 북반구와 남반구에서, 도시와 농촌에서, 사람들이 인간과 자연의 관계를 재건하자마자 다양한 정신적·심리적·실용적 혜택을 얻을 수 있다는 것을 보여 주어야 한다.

큰 그림 행동주의는 기본 전제에 잘못이 없는지 폭넓게 재검토한다. 신화와 잘못된 정보들을 기반으로 한 오늘날의 소비자 문화는 모순적인 개념으로 사람들을 혼란스럽고 당황하게 만든다. 한편에서는 저녁 뉴스에서 소비자 지출이 감소하면 당장 세상이 멈출 것처럼 말하고, 다른 한편에서는 소비자의 탐욕이 세상을 파괴한다고 말한다. 그러나 이 경제 체제를 만든 것은 개인의 탐욕이 아니다. 우리는 누구도 보조금과 법, 세금을 이용해 지구와 개인의 안녕에 문제를 일으키는 경제에 찬성 표를 던지지 않았다.

최근까지 글로벌 경제를 해체하는 데 필요한 폭넓은 관점은 찬밥 신세였고, 그 분야에는 편협한 시장 근본주의자들이 득세했다. 결과적으로 유일한 길은 계속 팽창하는 비인간적인 경제 규모를 선택할 수 없는 것처럼 보였고, 부와 권력은 더 적은 소수에게 집중되었다. 그러나 큰 그림 행동주의는 우리에게 다른 길이 있다고 말해 준다.

큰 그림 행동주의가 성공하려면 몇 가지 장벽을 극복해야만 한다. 어떤 문제를 발견하면 곧장 해결하고 싶어 하는 사람이 많다. 그들은 "우리는 이미 경제가 문제라는 것도 알고 있고 기업이 너무 큰 힘을 가지고 있다는 것도 안다. 왜 그걸 계속 논의하고 앉아 있나?"라고 말한다. 그러나 경제 세력이 환경 문제와 사회 정의 문제 이면에 있다는 것을 느끼는 사람은 많아도, 경제가 문화와 개인의 자부심을 허물고, 민족·인종·종교 갈등을 높이고, 몸과 마음의 건강을 해친다는 것을 아는 사람은 드물다. 무역 조약이 기업과 은행에 막대한 힘을 실어준 덕분에 그들은 사실상 세계 정부가 되고 좌익이든 우익이든 어떤 정당이 선출되더라도 그 정당을 배후에서 지배한다는 것을 아는 사람도 많지 않다. 이미 기업의 지배에 반대하는 사람이 글로벌과 로컬을 아우르는 폭넓은 관점을 가지면 문제에 더 효율적으로 대처할 수 있다.

어떤 사람들은 "체제는 저절로 붕괴할 것이니까 그걸 바꾸려고 노력할 필요는 없다"고 말하기도 한다. 그러나 경제 체제는 심각한 결함과 모순에도 불구하고 자연과 사회가 존재하는 한 계속 지속될 것이다. 수년 전 스위스 경제학자 빈스방거(H. C. Binswanger)는 나에게 생태계와 사회는 붕괴해도, 아무 기준도 없고 어떤 제한도 없는 돈, 규제를 받지 않는 자본은 무한히 증가할 것이라고 설득력 있게 설명했다. 바꿔 말하면 경제는 숲속의 마지막 나무가 쓰러지는 날까지 계속 성장을 추구할 것이다. 무슨 수를 써서라도 막아야 하는 비관적인 시나리오다.

안타깝게도 근본적인 체제 변화를 완전히 포기한 사람도 많다. 헌신적인 활동가들조차 "노력해도 소용이 없다. 길거리에서 시위하는 사람이 아무리 많아도 정부는 듣는 시늉조차 하지 않는다"고 한탄한다. 사실이다. 수백만 명이 이라크 전쟁을 반대하는 가두 행진을 했지만 정책 결정권자들은 기어이 우리를 어리석고 파괴적인 전쟁으로 끌어들였다. 수백만 명이 가스 프래킹과 핵에너지에 반대하지만 정부는 아랑곳하지 않고 그 기술들을 장려한다. 그러나 이러한 개별 현안을 뛰어넘어 개개인이 우려하는 문제를 관통하는 공통 주제에 집중한다면 정부 역시 사람들의 목소리에 점점 귀를 기울일 수밖에 없을 것이다. 일례로 '새경제' 운동은 지구와 인간을 심각하게 파괴하는 현 체제를 반대하는 데 그치지 않고 새롭게 무엇을 추구해야 하는지 명확히 알고 있다. 그래서 개별 현안을 다루는 거의 모든 운동보다 성공할 가능성이 훨씬 높다.

또 한 가지, 특히 내적 변화를 강조하는 사람들에게서 흔히 볼 수 있는 걸림돌이 있다. '뉴에이지' 운동은 수백만 명에게 마음과 옛 토착 문화의 지혜에 귀를 기울여 보라고 권장했다. 대단히 좋은 일이다. 의식을 고양하면 글로벌 경제가 부추기는 경쟁과 소비주의에서 벗어나 지구와 타인을 더 사랑하고 싶은 갈망이 생긴다. 그러나 최근까지 뉴에이지는 거의 '내적' 차원, 긍정적 사고와 개인의 변화에만 몰두하는 경향을 보였다. 내적 세계에 집중했던 사람들 중에는 '외적' 세계에 집착하는 것처럼 보이는 활동가들을 업신여기는 사람이 많았다.

한편 활동가들 사이에서는 개인의 내적 필요를 무시하면서 '외적'으로 현실과 정치의 변화만을 강조하는 사람이 많았다. 그들은 보통 타인을 위하는 마음으로 일하는데도 내적 차원을 간과하는 바람에 종종 노력한 만큼 성과를 얻지 못했다. 마음의 평화와 내적 성찰을 무시하고 부정적인 면에만 집중하면 독선과 무력한 분노에 빠질 수 있다. 그 결과 탈진과 대립, 소외가 빈번하게 일어난다. 큰 그림 행동주의는 우리 문제에 내적 차원과 외적 차원이 있고, 두 가지 차원을 동시에 다루어야 문제를 해결할 수 있다고 분명히 말한다.

큰 그림 행동주의는 개개의 정치인이나 기업, 은행에 손가락질하지 않는다. 처음부터 말해 왔듯이, 이 파괴적인 경제 체제가 계속 성장하는 것은 주로 '무지' 때문이다. 이 성장 모델을 전파하는 경제 전문가들은 돈의 흐름을 읽고 세상을 숫자로 보는 훈련을 받아서 추상적인 이론으로만 세상을 이해하기 때문에, 실생활에서 일어나는 여러 사회적, 생태적 영향을 느끼지 못한다. 대기업과 은행의 최고경영자들은 단기 수익과 성장 목표를 동시에 거머쥘 수 있는 투기 시장을 찾아만 다닐뿐 자기 행동이 낳을 결과를 전체적으로 생각하는 능력이 부족하다. 의식 있는 소비자와 납세자, 시민들조차도 보이지 않게 일자리와 영혼을 파괴하는 에너지가 집중된 경제 체제를 뒷받침하는 선택을 하고 있다는 사실을 알아채기 어렵다.

경제 체제는 오랫동안 무지를 먹고 자라면서 좋은 의도가 막대한 파괴로 이어지는 것을 방관해 왔다. 그러나 분노와 대립으로는 앞으로 나아갈 수 없다. 평화롭고 광범위한 체제 변화를 적극적으로 권장해야만 진보가 가능하다.

의식은 불길처럼 번질 수 있다. 엉뚱한 전제에 갇히기 십상인 정치와 경제 지도자들이나 소비주의에 깊이 물든 사람들을 꼭 설득할 필요가 없다는 것을 깨달으면 힘이 생긴다. 재정적 어려움과 시간의 압박이 대단히 크지만, 그럼에도 불구하고 세상을 더 좋은 곳으로 만들고자 하는 의식 있는 사람들이 아주 많다. 그들은 각자의 삶의 터전에서 아이들의 교육 개선, 야생동물 보호, 탄소 배출 감축, 식량 구호 그리고 영적이고 윤리적인 가치를 확산시키는 다양한 일들에 전념한다. 그들이 해결하려는 문제가 무엇이든, 경제는 모든 문제를 연결하는 공통 실마리다.

최근 몇 해 사이에 각자 따로 활동하던 여러 개인과 단체가 개별 문제를 넘어서 이러한 전체론적인 접근법을 수용하기 시작했다. 그 결과 큰 그림, 즉 폭넓은 분석을 기반한 광범위한 연합운동이 일어나기 시작했다. 이들은 사랑과 희망, 창의력이라는 동력으로 새로운 세상, 행복한 문화와 경제를 만들고자 한다.

로컬의 미래를 향한 정책 제안

로컬 경제를 위한 대안 무역 지침

국가들은 글로벌 무역 규제를 계속 완화하거나 철폐하는 대신 함께 힘을 모아 건강한 국가 경제와 로컬 경제를 우선하는 협약을 체결할 수 있다. 앞으로 무역의 목적은 기업의 이윤과 국내총생산(GDP)을 높이는 것이 아니라, 잉여 생산물을 시장에 공급하고 국내에서 생산할 수 없는 재화를 획득하는 것이다.

무역 규제 철폐를 더 이상 관용할 수 없는 개인과 단체들이 이미 국제적인 네트워크를 형성했다. 유럽에서는 80개가 넘는 단체들이 연대해서 대안 무역 지침의 초안을 마련했고 총

선 후보자 193명이 그 지침의 목표를 지지하겠다고 약속했다. 지침에는 "국가와 지방, 지역 사회가 재화와 서비스의 생산과 분배, 소비를 규제하고… 글로벌 농산물 무역보다 지방과 지역의 식량 체계를 우선하고… 사회와 환경을 해치는 기업 활동에 책임을 물어야 한다"는 내용이 포함되어 있다.**69)**

지역 기반의 금융 체계 확립

은행과 금융 체계를 다시 규제해서 유령 자산을 만들지 못하게 제한하고 무질서한 자본의 흐름을 줄여야 한다. 아울러 지역 투자 부문에서는 지역민이 연금 기금과 증권 교환을 통해서 지역 사회에 투자하는 길이 거의 막혀 있는 구시대적인 규제를 철폐해야 한다.

은행의 대출 관행도 변해야 한다. 상업 은행들은 대기업에 비해 상당히 높은 대출 이자를 요구하면서 작은 기업들을 차별해 왔다. 게다가 대기업 중역들에게는 개인 대출 보증을 요구하지 않으면서 소상공인들에게는 요구하기도 한다. 지역 사회의 은행과 신용협동조합을 더 많이 지원하고 이용하면 훨씬 더 다양한 중소기업이 번영할 수 있다. 예를 들어 미국에서는 지역 기반의 작은 금융 기관이 보유한 은행 자산은 겨우 11퍼

센트에 불과하지만 전국적으로 소상공인 대출의 3분의 1 이상을 차지한다.70)

건전한 경제 지표 적용

의사결정권자들은 흔히 국내총생산(GDP)이 성장하면 이를 가리켜 정책이 주효한 증거라고 말한다. 국부의 척도라는 GDP가 끔찍한 혼선을 일으킨다는 사실을 모르는 소리다. GDP는 시장의 활동, 주인을 갈아타는 돈의 총량을 말해줄 뿐이다. GDP는 바람직한 것과 그렇지 않은 것, 비용과 이익을 구별하지 않는다. 암, 범죄, 교통사고, 기름 유출에서 나가는 지출이 증가하면 GDP도 덩달아 오른다. 합리적인 평가라면 이러한 항목을 사회가 병들었다는 증상으로 볼 것이다. GDP가 성장하면 억만장자 몇 명은 생길지 모르지만 중산층을 포함한 대다수의 삶의 질은 꾸준히 하락한다. 사실상 GDP는 성장하더라도 정부는 가난해지는 나라도 많다.

더구나 GDP에는 돈이 오가는 거래만 고려하고 가족과 공동체, 환경의 기능은 산정하지 않는다. 그래서 자녀를 어린이집에 보내는 돈은 GDP에 들어가는 반면 가족이 집에서 자녀를 돌보는 것은 들어가지 않는다. 산림을 벌목해서 펄프로 만들면 GDP가 올라가지만 생태계의 건강을 책임지는 산림은 GDP에 포함하지 않는다.

남반구에서 GDP를 체계적으로 올리려고 만든 정책은 현금을 거의 사용하지 않고도 사람들의 수요를 채웠던 자립 경제를 무너뜨렸다. '개발'을 거치면서 건강한 자립이 무너지자 사람들은 글로벌 경제 안에서 진짜 가난해졌다.

이에 사람들은 GDP를 대신할 다양한 대안을 만들어 적용하고 있다. 대표적인 것이 실질진보지표(GPI)다. 기존의 지표에 "중요한 경제·환경·사회 요소를 단일 체계에 넣어서 발전과 실패의 정확한 모습을 파악할 수 있는 지표다."[71] 오스트리아, 캐나다, 칠레, 프랑스, 핀란드, 이탈리아, 네덜란드, 스코틀랜드, 영국에서는 이미 GPI를 계산해서 발표하고 있다. 미국에서는 현재 여러 단체가 주 차원에서 GPI를 사용하자고 적극 요구하고 있다. 버몬트주는 그 요구를 받아들여 해마다 GPI를 계산하기로 했다.

부탄의 사례도 여러 사람들에게 감동을 주었다. 1972년 당시 부탄의 왕은 GDP의 대안으로 국민총행복(GNH)이라는 개념을 주창했다. 2004년 부탄은 GNH 모델을 연구하고 증진할 국제적인 운동을 시작했다(안타깝게도 부탄의 현 정부는

GNH 개념과 거리를 두기 시작했다).

편파적인 세금 체계의 개선

거의 모든 나라가 체계적인 세금 규제로 중소기업을 차별한다. 지속 가능한 소규모 생산은 보통 더 노동 집약적인데 소득세, 사회복지세, 근로소득세 등 무거운 세금을 노동에 부과한다. 한편 자본집약적, 에너지 집약적 기술을 사용하는 대기업 생산자는 세금 우대(가속상각, 투자세공제, 세액공제)를 받는다.

편파적인 세금 체계를 바꾸면 로컬 경제를 살릴 수 있을 뿐 아니라 기계보다 사람을 더 선호하게 되어 일자리도 더 많이 창출할 수 있다.

마찬가지로 생산에 쓰는 에너지에 세금을 물리면 첨단 기술 투입에 덜 의존하는 기업, 곧 노동 집약적인 소기업이 진흥한다. 게다가 생산과 소비로 일어나는 환경 파괴 대책을 포함해 화석 연료에 세금을 부과하면 실비가 가격에 반영될 테니 운송은 줄고 지역 소비를 위한 생산은 늘며 경제는 건강하게 다각화될 것이다.

재생 에너지의 분산 작업

현재 재생 에너지 기술로 받을 수 있는 보조금은 화석 연료에 비해 5분의 1도 되지 않는다.72) 이러한 불균형을 뒤집으면 오염은 줄어들고 일자리는 늘어나며 장기적인 비용을 절감할 수 있다. 예를 들어 뉴욕주가 재생 에너지를 사용하면 매년 공해로 죽는 사망자가 약 4000명 감소한다는 연구 결과가 있다. 아울러 약 330억 달러를 절감하고 제조와 설치, 정비 분야에서 정규직을 창출할 수 있다.73)

재생 에너지를 비롯해 어떤 형태의 에너지든 발전소는 분산하는 것이 좋다. 에너지원을 최종 용도에 가까이 두면 (효율을 떨어뜨리고 자원과 땅을 잡아먹는) 전송망이 많이 필요하지 않다. 에너지원을 분산하면 지역 경제에서 돈이 '새는' 것을 막을 수 있어서 정치 권력도 확실히 분권화한다.

농촌 인구 비율이 여전히 높은 남반구에는 도시와 수출품 생산을 위해 화력발전소와 핵발전소부터 거대한 수력발전소 댐에 이르는 대형 발전소를 건설하고 있으며, 이로 인해 도시화와 세계화가 촉진된다. 대형 발전소 대신 분산한 재생 에너지 인프라를 지원하면 소도시와 마을, 농촌 경제 일반이 튼튼해져서 건전하지 못한 도시화를 막을 수 있다.

완벽한 정책은 없지만 전 세계 중앙 정부와 지자체는 분산된 재생 에너지의 확산을 촉진하는 새로운 법을 채택하고 있다. 이를테면 세금 우대, 보조금, 발전차액지원제도 같은 금융 지원, 재생에너지공급의무화제도 등이 있다. 독일의 재생에너지법과 발전차액지원제도는 가장 성공적으로 재생 에너지 분산화를 지원하는 정책일 것이다. 캐나다 온타리오주 정부는 2009년 첫 그린에너지법에 발전차액지원제도뿐 아니라 노동력과 제조 물품을 로컬에서 조달하는 재생 에너지 사업을 우대한다는 과감한 '로컬 구매' 조항까지 도입했다(안타깝게도 세계무역기구 규정을 위반했다는 판정으로 온타리오주의 국산품 사용 권장 정책은 2013년에 폐지되었다).

미국은 주 차원에서 재생 에너지를 일정 비율 의무적으로 공급하도록 하는 정책인 재생에너지공급의무화제도(RPS)가 불씨가 되어서 태양광발전소와 풍력발전소가 급격히 늘어났다. 지역에서 관리하는 분산화 재생 에너지원을 관할에서 일정 비율 의무적으로 사용하게 한다면 더할 나위 없는 정책이 될 것이다. 사실 미국의 여러 주에서는 이미 콜로라도주의 태양광정원법, 미네소타주의 태양광에너지일자리법 같은 마을 규모의 지역 사회가 소유한 태양광 에너지 사업을 진흥하는 정책을 채택했다.

다품종 유기농 생산지의 확대

식량은 전 인류에게 날마다 필요한 것이므로 생산과 운송, 판매에 작은 변화가 생겨도 큰 파장이 일어날 수 있다. 앞서 1부 '비효율을 감추는 보조금'에서도 말했듯이 대다수 국가는 농업 보조금을 대규모 산업농기업에 몰아준다. 세계무역기구 회원국 사이에서 보조금의 3분의 2는 부유한 거대 농가가 받는다.

농업 연구 자금도 생명공학과 화학·에너지 집약 단일품종 농업에 크게 편중되어 있다. 어떤 평가에 따르면 해마다 전 세계에서 식량과 농업 연구에 쓰이는 돈은 490억 달러에 달하는데 '유기농 규격을 준수하고 거기에 부합하는 지식과 기술, 수단'에 쓰는 돈은 1퍼센트 미만이다.

소규모 다품종 농업을 장려하는 연구를 더 많이 지원하면 북반구와 남반구의 농촌 경제가 활기를 띨 뿐 아니라 생물이 다양해지고 토양이 건강해지며 식량 안보를 이룩할 수 있다. 또한 식단에 균형과 다양성이 생기고 식재료가 더 신선해질 것이다.

남반구 국가에서 식민주의와 발전, 그리고 세계화라는 것은 북반구 시장에 수출할 곡물을 가장 좋은 땅에서 재배하는 것을 뜻했다. 다품종 유기농 생산으로 지역 소비를 늘리면 경제가 안정될 뿐 아니라 빈부격차가 좁혀지고, 현재 '개발'하는 나라에 널리 만연한 기아를 대부분 없앨 수도 있다.

수십 년 동안 글로벌 푸드에 편향된 정책이 이어졌지만 지금은 로컬 푸드가 일부 법적 지원을 받고 있다. 2013년 캐나다 온타리오주 정부는 로컬 푸드를 손쉽게 구입하고 로컬 푸드에 대한 인지도를 높이고 가까운 푸드뱅크에 생산물의 일부를 기부하는 농가에 세금 우대를 제공할 목적으로 로컬푸드법을 통과시켰다.[74]

소규모 로컬 생산자를 위한 규제 완화

소규모 기업은 대규모 생산에서 발생하는 문제를 규제하는 법 때문에 부당한 세금을 내야 하는 일이 빈번하다. 예를 들어 공장형 밀집 사육 방식의 양계장은 분명히 환경과 보건 규제를 철저히 받아야 한다. 유전적으로 동일하고 빽빽하게 갇혀 있는 닭 수백만 마리는 질병에 몹시 취약한데다 엄청난 축산 폐수를 안전하게 처리해야 하고 원거리 운반 중에 가공 식품이 손상될 위험이 있기 때문이다. 그러나 닭 여남은 마리를 놓아 기르는 소농 같은 소규모 생산자도 기본적으로 같은 규제를 받기 때문에 치솟는 비용을 감당하지 못해서 사업을 접어야 하는 경우가 많다. 대규모 생산자는 생산량이 훨씬 더 많아서 보전 비용을 낮출 수 있다. 소규모 생산자에 비해 '경제의 규모'를 누리는 셈이다. 소규모 생산자를 차별하는 규제는 비일비재해서 유럽의 농가에서 치즈를 생산하는 소농들과 미국의 로컬에서 사과술을 생산하는 소농들을 비롯한 여러 나라의 소규모 식품 기업들을 초토화시킨다.

일리노이주는 일명 '코티지푸드' 법안을 통해 잼과 피클 같은 여러 보존 식품을 소규모로 생산하는 생산자를 위한 규제 완화를 고려하고 있다. 비슷한 법안 17개가 미국 전역에 도입되었다.**75)** 메인주의 여러 도시는 거기서 더 나아가 로컬 푸드 판매와 구입을 어렵게 만드는 규제를 우회하여 시민에게 "스스로 선택한 로컬 푸드를 생산, 가공, 판매, 구입, 소비할" 권리를 부여하는 조례를 만들어 '식량 주권'을 선언했다.**76)**

토지 사용 규제의 합리적 개선

지역과 지방의 토지 사용 규정을 개정하면 야생지와 공지, 농지를 개발하지 못하게 막을 수 있다. 또한 이러한 목적으로 설립된 토지 신탁에 정치 지원과 금융 지원을 해야 한다. 지방 정부가 공공 자금으로 농지 개발권을 사서 교외 확장을 막고 농부들의 금융 부담도 덜어주는 일석이조의 효과를 거둔 사례도 있다.

도시권 토지 용도 규정은 대량 생산과 판매의 수요와 위험 때문에 제한을 두어 보통 주거지역과 상업지역으로 나눈다. 규정을 변경하면 거주지와 작은 가게, 소량 생산을 한 지역으로 묶을 수 있다. 공동체 기반 생활 방식을 기준으로 규정을 다시 생각해 보는 것도 좋다. 고밀도 개발을 제한하는 토지 용도와 기타 규정은 공동주택과 생태마을 같은 친환경 거주 형태마저 막아버리는 경우가 많기 때문이다.

시장과 공공 장소에 투자

정부 자금으로 건설한 고속도로는 대형 슈퍼마켓, 대형할인점, 쇼핑몰을 간접 지원한다. 이러한 인프라 구축에 들어가는 정부 자금의 일부를 사용하여 유럽의 거의 모든 도시와 마을에 있었던 농부 직거래 장터가 들어갈 공간을 만들거나 개선한다면 지역 상인과 장인들은 적은 자본으로도 상품을 팔 수 있을 것이다. 그러면 지역의 중심가는 활기를 띠고 자동차 사용과 화석 연료 연소와 공해는 줄어들 것이다.

또 시청부터 마을 광장까지 공개회의를 위한 공간을 만들거나 개선하면 의사결정권자와 시민이 얼굴을 맞대고 대화를 하고, 지역 사회가 활력을 얻으며 참여민주주의도 튼튼해질 것이다.

로컬 미디어와 로컬 엔터테인먼트 지원

텔레비전과 인터넷 등의 매스미디어는 연구와 개발, 인프라 확충, 교육 훈련을 비롯한 여러 직간접적인 지원을 받는 식으로 막대한 보조금을 챙겨 왔다. 몇 해 사이에 여러 국영방송국들이 글로벌 미디어 제국의 손에 넘어갔다. 예를 들어 미국은 1996년 통신법을 개정해 반독점 규정을 없애고 미디어 규제를 완화하여 대기업이 TV, 라디오, 인터넷 사이트를 포함한 여러 대중 매체를 인수할 수 있게 허용했다. 이러한 법을 다시 개정하여 표현과 소유권의 다양성을 진작해야 한다. 더 나아가 국가와 지역 사회는 자녀들을 공략하는 획일적이거나 폭력적이고 상업적인 메시지와 이미지를 제한할 권리가 있어야 한다.

지역 사회 라디오 방송국부터 라이브 뮤직과 극장 등에 이르기까지, 지역의 공연예술문화 시설을 지원하면 세계화한 미디어를 대신할 대안으로 발돋움할 것이다. 춤과 노래, 축제 같은 공동 창작 엔터테인먼트 활동에 참여할 수 있는 사람이 많아질수록 지역 사회의 유대감은 한층 더 튼튼해질 것이다. 수동적으로 텔레비전 화면이나 무선 기기만 쳐다보는 어린이보다 지역의 문화 활동에 참여하면서 자라는 어린이가 향토와 지역 문화에 깊은 소속감을 느낄 것이다.

로컬에 기반한 교육으로의 전환

학교 교육은 장차 현재의 아이들을 고용할 기업의 요구에 맞게 점차 변하고 있다. 교과 과정은 북반구에서나 남반구에서나 기술을 중심으로 표준화되었다. 대다수 개발도상국의 정규 교육의 토대는 여전히 식민지 모델을 따르고 있다. 식민 강대국의 언어를 기계적으로 암기하고, 해외에서 수입한 문화와 역사를 익히고, 지역이나 지방 경제가 아니라 수출 경제에 관련된 기술을 연마한다. 이러한 교육은 대다수 국가에서 북반구의 사회와 경제에 만연한 문제들은 걸러내고, '개발'과 도시화에 집중한 소비자 문화라는 이상적인 신화만을 남겨 놓는다.

기업에 맞춘 교과 과정에서 벗어나 지역에 기반한 다양한 형태의 학습으로 전환하면 북반구와 남반구 사회는 막대한 혜택을 얻을 것이다. '고용 없는 성장' 경제를 위한 경쟁적이고 전문화를 장려하는 교육이 아니라, 다양한 환경과 문화, 지역화한 경제에 맞게 변할 것이다. 지역에 맞는 농업과 건축, 적합한 기술 교육을 제공하면 기본 수요를 충족시키는 생산 분권화가 더욱 진전할 수 있다. 다른 문화에서 오는 정보의 흐름이 줄어들 염려를 할 필요는 없다. 문화 교류는 교과 과정에서 중요한 부분을 차지할 테니까.

중앙 집중형 의료 체계의 개선

현재 보건 의료 투자는 도시 인구를 진료하는 대형 중앙 집중화 병원에 더 많이 몰린다. 비용 절감을 압박하면 의사와 간호사가 진료해야 하는 환자의 수가 점점 더 많아진다. 환자가 받는 의료의 질은 필연적으로 더 낮아진다. 똑같은 돈을 지역에 있는 수많은 작은 병원에 투자하면 첨단 기술보다 의사, 건강 교육, 예방의학에 더 의존하는 작은 병원을 통해서 더 많은 환자가 보건 의료의 혜택을 받고 지역 경제는 활력을 얻을 것이다. 수술 기구 사용을 줄이는 자연 치료법을 보건 의료 체계에 통합하는 것도 여러모로 유익할 것이다.

남반구에서 보건 의료 지원을 지역화하고 토착화하여 현지의 주민들에게 알맞은 전통 대체 의학에 지원을 할 수 있다면 지역 경제와 사회에 더 이로울 것이다. 현대 의학은 개발도상국에서 사람의 목숨을 살리는 중요한 보건 의료의 한 축을 이루고 있다. 그러나 예방 관리의 대부분을 책임지고 있는 전통적 치료법이 끊이지 않고 명맥을 유지하려면 다각도의 지원이 필요하다.

지역 사회의 다양한 풀뿌리 활동

글로벌에서 로컬로 방향을 전환하려면 하향식 정책 변화와 더불어 지역에서 이미 나타나고 있는 다양한 상향식 구상도 필요하다. 이러한 작은 발걸음들은 글로벌 경제 거인들에 맞서는 것과는 달리 지역의 사정을 훤히 이해하고 차근차근 행동해야 하고, 지역 주민들이 직접 계획하고 실행하는 것이 가장 좋다. 앞에서 논의한 정책 변화의 지원을 받는다면 시간이 걸려도 문화적, 생물학적 다양성과 장기적인 지속가능성을 반드시 회복할 수 있다.

지역 사회 풀뿌리 활동으로 이룰 수 있는 가능성의 범위는 지역의 다양성만큼이나 다양하다. 그러한 활동을 여기서 다 소개할 수는 없지만 오늘날 어떤 풀뿌리 활동이 있는지 아래에서 살펴보자.

먼저 로컬 금융부터

공동체 은행과 **신용협동조합**은 주민들이 멀리 있는 기업이 아니라 마을과 지역 사회에 투자할 수 있는 금융 기관이다. 이 두 곳에서는 창업 자금을 대기업에만 대출해 주는 시중 은행과 달리 소기업에도 낮은 금리로 대출해 준다. 대형 은행의 불공정 행위, 심지어 불법 행위를 다시 보게 만든 점령 운동과 더불어 미국에서는 시민들이 지역 사회의 작은 공동체 기관에 돈을 맡기는 운동이 시작되었다. 2년도 채 지나지 않아 미국의 월스트리트에 있는 은행에서 빠져나간 계좌는 400만 개가 넘었다.

다른 여러 나라에서도 이 같은 희망적인 동향을 보이고 있다. 예를 들어 브라질 포르탈레자의 가난한 동네 팔메이라 주민들은 지역에 필요한 일을 하려고 자체적으로 소유, 운영하는 공동체 은행을 설립했다. 은행은 큰 성공을 거두었고 로컬 경제에 활기를 불어넣고 있다. 은행 설립 전에는 주민들이 팔메이라 지역에서 구매할 수 있는 것이 전체 수요의 20퍼센트

에 불과했다. 15년 뒤에는 전체 수요의 98퍼센트를 지역에서 구매하고 있다.**77)**

지역 투자는 앞으로 새로운 트렌드를 이룰 것이다. 슬로 머니(Slow Money : 로컬 식량 체계에 대한 자본 투자를 돕는 비영리단체_역주)의 여러 지부에서는 이미 2100만 달러의 투자를 소농과 식품 기업에 유치했다.**78)** 지역 증권 거래, 소액 투자 펀드, 협동조합 투자 펀드, 지역에서 투자하는 연금펀드 같은 여러 구상도 가능성을 타진하고 있다.

지역 화폐를 만들어 사용하면 돈을 지역 경제 안에 붙잡아 둘 수 있다. 지역 사회 구성원은 해당 지역 지정처에서만 지역 화폐를 쓸 수 있다. 마찬가지로 타임뱅크(Timebank: 비시장 경제 영역에서 봉사활동을 시간 가치로 환산하여 기록, 저장, 교환하여 공동체를 회복시키고자 하는 운동으로, 시간의 가치 교환을 위해 가상 화폐를 발행하기도 한다_역주)와 지역통화 운동(LETS: Local Exchange Trading Systems)은 사실 대규모 **지역 사회 물물교환 체계**이다. 사람들은 스스로 제공할 수 있는 상품이나 서비스와 희망 금액을 게시한다. 상품이나 서비스를 구입한 회원은 판매자에게 돈을 지불하고 판매자는 그 돈으로 지역 사회 안에서 다른 회원의 상품이나 서비스를 구매할 수 있다. 따라서 돈이 부족하거나 '실물' 화폐가 없는 사람들도 지역 경제 안에서 돈을 흐르게 할 수 있고 혜택을 받을 수도 있다. 이는 스스로 유지하기 어려운 로컬 푸드 사업에서 빛을 발하는 구상이다.

바이 로컬, 로컬 기업

바이 로컬(Buy local) 운동은 막대한 보조금을 받는 기업들과 경쟁해야 하는 로컬 기업에 생명을 불어 넣는다. 이 운동은 지역 경제에서 돈이 빠져나가는 것을 막을 뿐 아니라 먼 곳에서 제조해서 인위적으로 가격을 낮춘 상품에는 환경과 지역 사회가 지불할 비용이 숨어 있다는 것을 사람들에게 알려주는 교육 효과도 있다.

특히 농촌과 소도시 상권을 노리는 대기업 마케팅 체인점에 반대하는 풀뿌리 단체들도 등장했다. 예를 들어 중국에서 거의 매일 새로운 식당을 열어 기존 100개국 3만 5000개 패스트푸드 제국을 확장한다는 원대한 계획을 세운 맥도날드는 적어도 20개가 넘는 나라에서 풀뿌리 저항에 부딪혔다.[79] 세계 최대의 유통업체 월마트가 약탈적인 '창고형' 매장을 앞세워 미국과 캐나다, 영국에서 급속하게 성장했을 때도 지역 사회의 구조와 일자리를 보호하는 시민단체들이 전부 연대해서 일어났다. 월마트가 베스트 프라이스 모던 홀세일 체인점을 소유, 운영하는 인도에서는 노점과 소기업 조직이 중앙 정부가 대형 슈퍼마켓 대신 자신들을 지원해주길 바라고 있다.80)

지역의 중소기업들이 연대해서 연합체를 만들면 서로 지원하고 지역 경제에 활력을 불어넣을 수 있다. 북미의 자영업체 약 3만 개는 지역 경제 활성화를 위해 80개 이상의 네트워크를 갖춘 지역생활경제기업연합(BALLE)을 조직했다. 그들은 컨퍼런스를 열어서 소기업이 성공할 수 있는 창업, 운영 정보를 제공하고 열정을 나누고 자극을 받는다.

로컬 기업을 위한 단골 고객 카드 가맹점도 생기고 있다. 이 카드는 창고형 매장들이 제공하는 로열티 카드와 비슷하지만 지역 상품을 살 때 할인을 받을 수 있다. 오리건주 포틀랜드의 서포트랜드 네트워크에 가입한 로컬 기업은 100개 이상이며 다른 주의 도시까지 활동 반경을 넓히고 있다.

되찾아야 할 로컬 에너지

전 세계에는 **지역 사회가 소유하는 분산형 에너지** 시설에 투자한 도시가 많다. 예를 들어 콜로라도주 포트콜린스에서는 600

킬로와트 '태양광 정원' 설립을 계획하고 있고, 인도 비하르주 다나이 마을에서는 350가구에 전기를 공급할 태양광 에너지 '마이크로 그리드'를 설치하고 있다. 이러한 소규모 사업들은 무공해 재생 에너지원을 이용한다는 것 이상의 이점이 있다. 첫째, 현지에서 전력을 생산하기 때문에 송전 인프라를 확충할 필요가 없다. 둘째, 주민들은 멀리 떨어진 곳에 있는 전력 회사에 의존하지 않고 자체적으로 에너지 비용을 관리한다. 셋째, 지역 투자자들은 남는 전기로 수익을 얻는다.

전 세계 여러 나라에서는 시민들이 다른 지역 투자자 소유 전력 회사(IOU)에 넘어간 에너지 체계의 소유권과 운영권을 되찾으려고 지방 정부를 설득하고 있다. 방법은 두 가지가 있다. 완전히 다시 공영 소유로 만들거나 시와 군이 IOU 외에 지역에서 새로운 전력 공급자를 지정할 수 있는 지역 사회 선정권(Community Choice)이라는 정책을 채택하면 된다.

2013년 독일 함부르크 주민들은 투표를 통해 스웨덴 거대 에너지회사 바텐팔의 전력망을 공영 소유로 바꾸었다. 그러고는 에너지 정책을 지역의 재생 에너지를 사용하는 방향으로 야심차게 전환했다. 마찬가지로 2011년과 2013년 미국 콜로라도주 볼더 주민들은 투표를 통해 엑셀 에너지로부터 에너지 체계를 되찾아 시가 운영하는 전력회사로 바꾸었다. 이러한 로컬 전력 구상들은 1980년대부터 시작된 민영화 트렌드를 뒤집고 있다.

전 세계적인 로컬 푸드 운동

지난 10여 년 동안 로컬 푸드 운동은 전 세계에서 매우 큰 성공을 거둔 풀뿌리 활동이다. 소비자와 근거리에 있는 농부를 직접 연결하는 공동체지원농업(CSA) 덕분에 규모가 작은 다품종 농장들이 번창하고 점점 더 늘어났다. 소비자들은 대개 자신이 먹을 식재료가 자라는 농장을 직접 알고 있고, 농장에서는 일손이 부족하면 소비자들의 도움을 반긴다. 소농들은 믿을 수 있는 안정된 시장을 확보할 수 있고, 소비자들은 슈퍼마켓보다 더 신선하고 건강한 식재료를 구입할 수 있다. 미국은 1986년에 단 두 개였던 CSA의 수가 2014년에는 6200개 이상으로 급증했다.

농부와 소비자를 직접 연결하는 **농부 직거래 장터** 역시 지역 경제와 환경에 이롭다. 미국의 농부 직거래 장터의 수는 1994년 1755개에서 2014년 8268개 이상으로 증가했다.[81] 영국은 1996년에 직거래 장터가 단 하나도 없었으나 2012년

에는 약 750개로 늘어났다.82)

직거래 장터와 관련해 **로컬 유기농 먹거리** 수요가 폭발적으로 늘고 있는 추세다. 예를 들어 유럽에서는 유기농 농지 면적이 2001년부터 두 배로 증가했다.83) 대규모 생산자와 해외 수출 마케터 일부가 먹거리 시장에서 급성장하는 유기농 부문에 진출하긴 했지만 유기농법은 로컬이 소비할 소규모 다품종 생산에 가장 알맞다. **영속농업(permaculture)**은 유기농법을 생태계 원리에 접목하여 식량을 생산한다. 이는 지속 가능한 사회를 만드는 개념 체계의 핵심이기도 하다.

농지 신탁은 경작지가 개발에 넘어가지 않게 보호해서 소농이 농지를 경작하고 다음 세대에 물려줄 수 있게 해 준다. 미국은 1982년에서 2007년 사이에 개발로 사라진 농지가 2300만 에이커가 넘어서84) 전국 농지 신탁은 주 정부와 손잡고 남은 농지를 보호하고 농장과 목장이 지속 가능한 영농을 하도록 지도한다.

지난 50년 동안 북반구와 남반구에서는 청년들이 농촌을 떠나는 추세여서 도시화가 빠르게 이루어졌고 농촌사회도 사라졌다. 오늘날 여러 **청년 농부**는 그러한 트렌드를 뒤집고 있다. 미국에서 최근 결성한 전국청년농업인연합(NYFC)은 600

명이 넘는 회원이 가입했다. 전 세계 73개국 2억 농민이 연대한 비아캄페시나(La Via Campesina)에는 청년들이 활발히 활동하는 회원단체가 있다. 그들은 2011년 첫 모임을 열고 이렇게 선언했다. "전 세계에서 청년들이 체계적으로 농촌 바깥으로 밀려나감으로 식량 체계는 도덕성과 정당성을 잃고 땅을 더럽히고 사람들을 독살하고 농촌 문화를 강탈했다. 농장과 농촌에 생태학적 대안을 건설하는 우리 비아캄페시나의 청년 농민과 농부들은 이러한 체제에 저항하면서 살아갈 것이다."[85]

로컬 미디어의 활약

지역 사회의 대중 매체는 평범한 시민들에게 목소리를 낼 기회를 주고 지역 사회에서 일어나는 현안을 알려준다. 아울러 시민들의 힘을 모아서 지역 사회 문제를 해결하고 결속을 다지고 지역 문화를 유지하는 역할도 한다.

지역 사회 라디오 방송국은 인도 하리아나와 터키 이스탄불, 캐나다 브리티시콜롬비아주 파웰리버, 그리고 미국 캘리포니아주 버클리에서 호주 바이런베이까지 북반구와 남반구를 망라한 여러 도시마다 있다. 이러한 방송국은 기업 광고를 하지 않는 대신 지역 사회의 후원을 받는다. 또한 지역에서 활발히 활동하며 지역에서 구상하는 행사를 후원하고 무료로 보도한다.

TV는 대부분 대기업의 손에 넘어갔지만 **독립 채널**은 여전히 적지 않은 곳에서 활약하고 있다. 미국의 링크TV는 시청자 후원을 받아 전 세계의 신랄한 다큐를 전문으로 방송한다. 이제 독립 미디어 대다수는 인터넷으로 전환해서 잡지와 신문, 방송 등을 온라인에서 제공한다.

현재 '망 중립성'이 공격을 받아 위협에 처하자 통신망 접근을 자유롭고 평등하게 유지하려는 여러 단체가 힘을 합쳐서 싸우고 있다. 여러 나라와 마찬가지로 미국은 국민 대다수가 컴캐스트나 타임워너케이블, 에이티엔티, 센추리링크 같은 거대 부재지주가 소유한 소수 인터넷 서비스 사업자들에 의존한다. 그러나 최근에 **지역사회가소유한브로드밴드(community owned broadband)** 운동이 일어나 지역 사회가 인터넷 서비스를 통제하는 힘을 기르고 있다. 2015년 현재 미국 전역에서 500개가 넘는 지자체들은 자체 브로드밴드 망을 구축하고 더 많은 주민이 믿고 쓸 수 있는 빠른 인터넷 서비스를 제공하여 지역 경제를 살린다.

대안 교육의 확산

여러 **대안 학교**에서는 주류 학교의 엄격한 교수법과 교과 과정을 채택하지 않는다. 가장 유명한 두 곳은 (미국에서는 발도르프 학교로 알려진) 슈타이너 학교와 몬테소리 학교다. 부모나 지역 사회 구성원이 아이들을 가르치는 **홈스쿨링**도 인기 있는 교육 방법이다.

자연결핍장애에 대한 인식이 높아지자 야생지나 농지를 교육 장소로 활용하는 학교들이 점점 더 늘어나는 추세다. 예를 들어 **숲속 학교**에서는 어린 학생들이 종일 야외에서 지내면서 현지에서 자라는 식물과 버섯 종류에 정통한 전문가가 된다. 1927년 미국 위스콘신주에서 시작된 숲속 학교는 스칸디나비아와 영국에서 큰 인기를 끌었다. 청소년과 성인에게 야생에서 자립할 수 있는 지식을 가르치는 학교들이 서서히 늘어나고 있는데 미국 버몬트주에 있는, 전통 기술을 익혀서 뿌리를 되찾는다는 뜻의 루츠(ROOTS) 학교도 그러한 곳이다.

남반구에서는 서양식 학교 교육을 받는 학생들에게 문화 동질화가 나타난다는 것을 아는 사람들이 점점 더 많아지고 있다. 교육과 개발을 다시 생각하는 사람들의 연구소라는 인도의 시크샨타(Shikshantar)는 지역 사회 전통을 존중하고 자립을 권장하는 교육 개혁을 일으키고 있다.

로컬 기반의 보건 의료
몇 해 사이에 **전통 대체 의학**에 대한 관심이 급증하고 있다. 일반 의사들조차 약초 치료법, 동종 요법, 바디워크 요법, 이완 요법에 관심을 가질 정도다.

이같이 보다 차분하게 예방을 강조하는 의술은 더 인간적인 보건 의료 체계로 돌아가는 길이다. 물론 응급 치료와 사람의 목숨을 살리는 치료는 대증 요법이 더 뛰어나므로 계속 제공해야 한다. 그러나 지역에 기반한 보건 의료 체계는 인간의 전인(全人)을 강조하며 생명을 더 넓게 바라본다. 미국 버몬트 주의 지속 가능한 의학 의료국장의 말마따나 "진짜 의학은 공동체 전체, 곧 인간과 자연에 유익해야 한다. 환경과 지역 사회, 우리를 치료하는 과정을 따로 분리해서 생각할 필요가 없다."

로컬 계획 공동체의 건설
선진경제권 곳곳에서 사람들은 현대 사회에 만연한 고립과 경쟁, 공해, 범죄가 없는 지역 사회를 건설하고 있다. 이러한 **계획 공동체(intentional communities)**는 재생 에너지와 친환경 건축 기술, 현지 식량 생산에 의존하고, 더욱 협력하는 지역 경제를 개발하는 곳이 많다. 규모가 몇몇 가구에서 수백 가구에 이르는 생태마을은 매우 인기가 높고 성공적이고 다양한 계획 공동체의 하나다. 가상세계와 현실세계의 연합체로서 '글로벌 에코빌리지 네트워크'를 통해서 연결된 **생태마을(eco village)**은 아메리카와 아프리카, 아시아, 유럽에 걸쳐 수백 곳에 이른다.[86]

전환마을(Transition Towns)은 탄소 집약적인 글로벌 경제에서 전환을 선택한 소도시와 대도시의 공동체 모임으로, 북미와 유럽에서 인기가 높다. 그들은 정기적으로 모여서 식량, 에너지, 상업, 예술, 교통, 보건 등 로컬 경제의 여러 부문별 사업을 계획한다. 현재 전환마을 네트워크의 모임은 수천 개에 이른다.

지역사회권운동은 지역 사회가 민주적 의사결정권을 되찾도록 돕는 운동이다. 북미에서 이 운동을 시작한 기관은 지역사회환경법률대응재단(CELDF)이다. 이 재단의 도움으로 지금까지 150곳 이상에서 '지역사회권조례'가 제정되었고 가스 프래킹, 유전자 변형 작물 재배 같은 기업 활동을 막아 지역 사회를 안전하게 보호했다.[87]

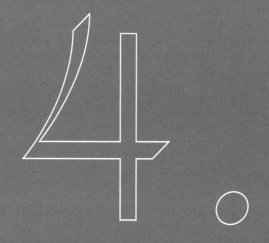

헬레나와의 대화 Ⅱ.

더 듣고
싶은
이야기들

우리는 갈림길 앞에 서 있다. 수십 년 동안 경제 성장을 강조하는 길을 걸어 왔지만 이제 다른 길이 우리 앞에 놓여 있다. 현재의 글로벌 경제 체제는 더 이상 대다수 사람들의 필요를 충족하지 못하고, 지속 가능하지 않다고 인식하는 사람들도 증가하고 있다. 이 체제에 반대하는 목소리를 높이고 진정한 지속 가능성을 실현하려면 지금까지와는 반대 방향으로 나아가야 한다. 거주 형태, 에너지원, 식량 생산을 포함한 모든 면에서 분산을 시켜서 사람과 자연의 밀접한 관계를 재건해야 한다.

이 새로운 경제의 중요한 요소는 규모이다. 우리는 서로 연결되어 있으면서도 자립 경제에 기초한 경제적 지역화를 향해 나아가야 한다. 지역 중심의 경제에서는 사람과 환경을 소중하게 여기고, 금융 구조와 상업 활동이 지역과 문화에 맞춰 변화할 것이며 문화와 생물, 농업 등 모든 면에서 다양성을 존중할 것이다. 진정한 지역화가 이루어진다면 의미 있는 일자리들이 많이 생기고, 튼튼하고 탄력 있는 지역 사회의 토대도 구축될 것이다. 그러면 사람들의 소속감과 목적 의식, 결속력이 높아지면서 마음 충만한 행복을 누릴 것이다. 마지막 파트에서는 많은 대중과 언론이 질문했던 지역화에 대한 해법을 답변으로 싣는다.

경제 성장의 열망은 본질적으로 '인간적'이지 않습니다.
인간의 욕구라기 보다는, 거대한 기계 같은 비인간적인
규모의 체제에서 온 것입니다. 더구나 이 기계는 소비주의를
능동적이고 체계적으로 촉진합니다. 앞서 이야기했듯이 이
체제 안에서 학교 교과서부터 광고와 미디어까지 소비주의를
조장하고 자존감을 무너뜨리며 특히 남반구에서는 문화
정체성마저 파괴합니다. 국내총생산(GDP)으로 평가하는
경제라는 개념은 인류 역사에서 최근에야 벌어진 현상입니다.
거의 모든 정치인과 기업가들이 반복하니까 우리 안에 깊숙이
자리하게 된 것입니다. 사실 경제 성장은 인간의 필요와
무관합니다. 그건 기업들이 돈을 얼마나 많이 버는지, 우리가
얼마나 빨리 지구의 자원을 써버리는지 평가하는 기준일
뿐입니다.
이른바 개발도상국 지역들에서도 산업화된 세계를 똑같이
따라갈 수 없다는 걸 인지하는 사람들이 갈수록 늘어나고

있습니다. 이를테면 미국의 막대한 구매 욕구를 따라가려면 그만큼 자원을 쓸 수 있는 지구가 몇 개는 더 있어야 합니다. 뿐만 아니라 사람들은 이렇게 성장만 추구하다가는 인생의 기쁨과 의미를 잃을 수도 있다는 사실에 눈 뜨고 있습니다. 대규모 경제 체제는 우리 자녀들에게 불안과 경쟁, 탐욕을 몰래 심어주고 있지만 대부분의 사람들은 이를 인식조차 못하고 있습니다. 그러나 인식은 빨리 자랄 수 있고, 실제로 그런 징조가 곳곳에 보입니다. 적지 않은 사람들이 협력을 통해 바꿀 건 바꾸겠다는 의지를 보이고 있습니다.

뿐만 아니라 GDP 기반 성장에서 벗어나 역성장, 생태경제학, 경제의 정상상태를 촉진하는 대항 운동이 크게 성장하고 있습니다. 실질진보지표(GPI) 같이 발전을 평가하는 대안들도 많이 생겼습니다. 무한 성장을 추구하는 건 더 이상 자연스럽지 않으며 지구의 인구가 더 많아지더라도 적당한 경제 규모를 유지하면 훨씬 더 행복하게 살 수 있다는 것을 깨닫고 이를 실천하는 사람들이 점차 늘어날 거라 믿고 있습니다.

튼튼한 로컬 경제를 구축하려면 '기본 전제를 다시 생각하자'
고 말하는 것부터 시작해야 합니다. 글로벌 자본주의 체제 이후
우리는 전근대적인 생활이 지옥 같았다고 믿었습니다.
저 역시 라다크와 부탄에서 지내기 전까지는 그렇게
믿었습니다. 그러나 〈오래된 미래〉에서 썼듯이 다시 생각할
수밖에 없었습니다. 수 년 동안 공동체와 땅에 기반한 전통
경제와, 화석 연료와 기술에 기반한 현대 경제의 차이점을
직접 목격하고 나니 우리가 잘못된 방향으로 가고 있다는 것을
분명히 깨달았습니다.
공동체와 땅에 기반한 로컬 중심의 경제 체제를 구축해야
한다는 말이 불가능한 꿈처럼 들릴지도 모릅니다. 모두가
땅에서 살면서 노동의 열매를 따 먹는 무슨 로컬 유토피아로
돌아가자는 말이 아닙니다. 사실 현대 경제에서 우리가
이용하는 모든 것은 대지, 즉 땅이 허락한 것임을 알아야

합니다.

전통과 현대의 차이는 규모입니다. 또한 우리의 행동이 타인과 자연에 미치는 영향을 인식하는 능력입니다. 오늘날 환경과 사회 파괴는 경제의 규모와 밀접한 관계가 있습니다. 기업과 은행의 규제 완화가 거대 규모의 경제 체제를 만들었고, 사람들을 자연 자원에서 멀리 떨어뜨려 놓음으로써 글로벌 기업이 돈을 더 많이 벌 수 있는 시스템을 구축했습니다.

무역과 금융 완화를 열렬히 지지하는 사람들은 스스로 '자유 시장'을 만든다고 믿지만 실제 자유 시장은 전혀 자유롭지 않습니다. 다국적 기업들이 규제 완화와 보조금으로 덩치를 키워 가면서 수많은 로컬 기업과 공동체를 무너뜨렸습니다.

결국 정책이 바뀌어야 사회가 기업을 규제할 수 있습니다. 그렇지 않으면 그 반대가 됩니다. 가장 먼저 할 일은 새로운 조약을 체결해서 힘을 되찾는 것입니다. 부분적으로는 기업의 지역화를 요구하고 기업이 행동에 책임을 지게 만들어야 합니다. 정부는 글로벌 대기업만 계속 지원하지 말고 로컬 기업을 지원할 정책을 마련해야 합니다. 이를 뒷받침할 정책의 제안은 앞에서 이미 상세히 이야기했습니다.

하향식 정책 변화와 아울러 글로벌에서 로컬로 전환하는 데는 지역의 다양한 상향식 구상들이 필요합니다. 글로벌 거대 경제 조직들을 저지하는 행동과는 달리 이런 소규모 단계에서는 천천히 움직이면서 지역의 상황을 속속들이 알아야 하고 지역 시민들이 직접 계획을 세우고 실행하는 게 좋습니다. 정책 변화가 뒷받침되면 시간이 걸려도 분명히 문화 다양성과 생물 다양성, 그리고 장기적으로 지속 가능한 미래를 회복할 수 있습니다.

Q.
지역화를 위해 상향식 구상이 필요하다는 것은 정치적인 해법이 매우 중요하다는 의미로 들립니다. 정부를 포함한 주요 정책 결정권자들이 지역화에 집중하려면 어떤 전략이 필요할까요?

우리에게 시급한 건 더 많은 사람이 경제 규제 완화의 큰 그림을 볼 줄 알고, 그것이 지역과 개인에게 끼치는 영향을 인지하는 것입니다. 글로벌 경제 체제가 거침없이 전진하고 있는데도 트럼프, 두테르테 같은 사람들의 여러 가짜 해결책들이 힘을 얻는 건 사람들이 이 체제에 대해 무지하기

때문입니다. 어떤 이들은 이런 우익 정치 세력을
'반세계화주의자'로 부르기도 하지만 사실 그들은 글로벌
독점을 강화합니다.

권리를 빼앗기지 않으려면 경제 규제 완화가 체제의 질병이란
걸 밝혀내야 할 뿐 아니라 일관성 있는 대안을 제시해야
합니다. 나는 경제 지역화야말로 가장 전략적인 해결책이라고
믿습니다. 지역화로 가려면 경제 정책을 180도 바꿔야 합니다.
그래야 기업과 금융이 지역에 기반하고 민주적 절차에 책임을
질 것입니다. 즉 글로벌 기업과 은행을 다시 규제할 뿐 아니라
세금과 보조금 정책을 전환해서 글로벌 대기업을 펀드는 대신
소규모의 로컬 경제를 대규모로 지원해야 한다는 뜻입니다.
국가와 지자체, 지역의 차원에서 더 튼튼하고 다양하고 자립할
수 있는 경제를 재건해야 민주주의와 자연 자원이 지속 가능한
진짜 경제를 회복할 수 있습니다. 이런 경제는 인간의 근본적인
필요를 충족하고, 불평등을 줄이고, 사회 화합을 촉진합니다.
그러나 무너진 정치 구조 안에서 그저 새 후보를 뽑는
것만으로는 이런 변화를 만들 수 없습니다. 우리는 다양하고
단결된 시민운동을 일으켜 체계적으로 지역화를 이룰 수
있는 정치 세력을 규합해야 합니다. 세계화가 민주주의를

조롱한다는 걸 사람들에게 널리 알리고, 기업이 민주적 절차를 따르고 책임을 지기 위해서는 지역에 기반해야 한다는 사실을 분명히 알려야 합니다. 사회 정의와 평화에 관심이 있는 사람들, 실업, 환경 문제나 영적이고 인종적 가치를 중요하게 여기는 사람들이 함께 모여 정치에 대해 토론하고, 개별 문제를 해결하는 운동들이 연대하여, 좌우로 맞서는 이념을 넘어 공통의 이익이 무엇인지 인식해야 합니다. 직접 얼굴을 맞대는 지역 모임을 만들어 전국적으로, 전 세계적으로 연대하면 곧 변화를 만들 수 있는 힘 있는 세력을 갖춰 정치권으로 들어가 민주주의를 지지하고 기업에 반대하는 입장을 굳게 유지할 수 있습니다. 물론 기득권자들은 곧바로 반격하겠지만 이에 굴하지 않고 잘 해내야 합니다.

실제로 로컬 운동이 주축이 되어 정부의 정책이
바뀌고 긍정적인 변화를 일으킨 사례가 있다면
듣고 싶습니다.

세계적으로 확장된 로컬 운동은 아직까지 없지만 일부
나라에서는 근본적인 변화를 요구하는 광범위한 흐름이
시작되고 있습니다. 영국의 지난 선거에서 노동당의 공약을
보면 민간 기업에 넘어간 주요 부문을 다시 국유화하겠다는 등
여러 가지 진보적인 조치들이 있었습니다. 노동당이 선거에서
이기진 못했지만 득표를 많이 했습니다. 2016년 미국 대통령
선거에서 버니 샌더스의 선거 운동은 기업이 경제를 주무르는
것을 비판하는 목소리에 정치권이 부응한 사례입니다.
물론 문제가 간단하지는 않습니다. 국가 정부가 글로벌 기업을
규제하는 게 가장 좋지만 동시에 좀 더 분산된 경제 구조가
필요합니다. 특히 기본 수요를 충족시키기 위해서는 지역화한
경제가 환경과 사회의 보호 아래 있어야 합니다. 국가의
규제와 국제적 규제로 강하게 보호하는 동시에 로컬 기업이나
활동가들이 직접 정치에 참여해서 결정해야 합니다. 남미에서

출발했지만 국제무대에서 활동하는 비아캄페시나의 구조와 비슷하겠군요. 비아캄페시나는 공직에 출마할 후보를 내지는 않지만 전 세계 4억이 넘는 소농을 대표하여 식량 주권 운동을 벌이고 기업 규제 완화에 반대합니다.

환경과 사회, 경제 등 글로벌 위기에 비추어 정부는 방향을 근본적으로 전환하는 게 마땅합니다. 계속 거대 글로벌 은행과 기업에 규제를 완화하여 보조금을 지원하지 말고 로컬 거래와 소상공인들을 집중적으로 지원해야 합니다. 특히 모든 사람에게 필요한 식량에 한해서는 반드시 로컬 식량 경제 재건에 집중해야 합니다. 그러면 경제 전체가 튼튼해지고 지역 사회가 다시 일어나고 환경이 회복됩니다. 멀리 떨어진 곳에 있는 자원에 의지해 우리의 기본적인 필요를 채우기보다 상호 의존적인 네트워크를 형성하고 로컬 생산 체계를 다양화하면 지역 사회는 분명 다가올 급격한 변화를 이겨낼 수 있을 겁니다.

땅에 기반한 경제 재건을 강조하는 것은 오늘날
경제 문제의 해법을 농업에서 찾아야 한다는
뜻으로 해석됩니다. 농업을 중심으로 한 로컬
식량 경제의 재건 방안에 대해서도 좀 더
구체적으로 들려 주십시오.

오늘날 경제학자들은 대부분 산업화 때문에 생태계와 우리
사회에 발생한 근본적인 문제가 무엇인지 묻지 않습니다.
그러나 우리는 현대 경제의 기본 원칙을 재평가해야 합니다.
우선 농업이 가장 중요한 부문인데 경제 정책이 농업을
좌우한다는 걸 알아야 합니다. 인간이 생산하는 것 중에 모든
사람이 날마다 필요로 하는 것은 식량밖에 없습니다. 그런데
안타깝게도 많은 이들이 농사를 하찮고 지엽적인 문제로
취급합니다.
미국의 경우, 농업 인구가 뿌리 뽑힌 건 남반구에서 일어나는
극적이고 뚜렷한 현상인데 그 지역의 인종 마찰, 근본주의,
급진주의의 원인이기도 합니다. 남반구의 농촌 지역은 글로벌
경제 세력에 의해 텅 비어 사람이 살지 않게 되었고, 소규모

가족농은 사면초가입니다. 재료와 장비를 파는 농기업은 비용을 더 내라고 요구하고, 생산물을 사는 구매자는 가격을 더 낮추라고 요구합니다. 그들은 보조금을 많이 받는 수출 위주의 농기업과 경쟁할 수 없고, 농민의 지속적인 폐업으로 지역 사회와 로컬 경제가 죽어가고 있습니다. 젊은이들은 일자리도 부족하고, 농촌에 미래가 없다고 생각해서 농촌을 떠납니다. 라다크에서처럼 도시 생활이 매력적이고 활동적이라는 미디어와 광고를 믿고 있기 때문입니다. 이렇게 미국에서도 심장부라고 부르는 지역은 극우 권위주의 운동의 온상지가 되었습니다.

반면에 많은 진보주의자들이 로컬 지향의 아젠다를 받아들이지 못한 것은 로컬 푸드 혹은 자연 자원 등이 부유한 사람들이나 누릴 수 있는 엘리트주의라는 인상 때문이었습니다. 그러나 유기농 식품이나 친환경 건자재, 대체 의학 등 건강한 대안들의 가격이 높은 것 역시 기업 생산의 외부 비용과 정부 보조금이 만든 결과라는 것을 알아야 합니다.

물론 글로벌 기업들은 이런 메시지를 정면으로 반박합니다. 그들은 글로벌 식량 체계의 비용이 얼마나 들든, 늘어나는 인구가 굶지 않으려면 화학 집약적이고 에너지 집약적 단일

품종 재배와 유전자 조작, 그리고 세계 무역 외에는 길이 없다고 목소리를 높입니다. 그런데 그들이 간과한 것이 있습니다. 전 세계에서 다각도로 연구한 결과에 따르면 대규모 단일 품종 재배보다 작은 농장들이 토지, 물, 에너지 단위당 생산성이 더 높다는 사실입니다. 단일 품종 재배를 지향하는 산업형 농업은 단위노동 생산성에만 효율적이고, 수백만 노동자를 착취해서 소수가 이익을 보는 데 더없이 효과적일 뿐입니다. 그리고 오늘날 전 세계에서 소비하는 식량 대부분이 경제 면적 5에이커 미만의 소농들이 생산한다는 사실도 간과하고 있습니다. 그런 소규모 농사를 단일 품종 재배로 대체한다는 것은 수억 명의 생계가 파괴되고 그 결과 많은 사람들이 도시 빈민가의 진짜 가난으로 내몰리게 된다는 것을 의미합니다. 그중 상당수가 실망하고 분노하여 극단론자가 되는 것이고요.

글로벌 식량 체계의 문제점으로 중복 무역도 언급하지 않을 수 없습니다. 앞에서 기술했듯이 영국은 한 해에 우유, 빵, 돼지고기를 각각 10만 톤 넘게 수출하면서 거의 똑같은 양을 수입합니다. 미국도 마찬가지입니다. 쇠고기는 거의 100만 톤을, 감자와 설탕과 커피는 수십만 톤을 수입하고 수출합니다.

말 그대로 똑같은 상품을 수출하고 수입하기도 합니다.

산업농과 무역을 기반으로 한 식량 체계는 인류에게 지속 가능하게 식량을 공급할 수 없습니다. 지금 생산하는 식량으로도 모든 사람이 충분히 먹을 수 있는데 기업이 식량을 단단히 통제하기 때문에 수억 명이 영양 부족에 허덕입니다. 예를 들어, 미국에서 공급망이 길고 표면에 흠이 생겨 기업이 버리는 음식의 양을 비롯하여 전 세계에서 버려지는 음식은 영양 부족에 허덕이는 지구촌 사람들에게 필요한 양의 4배나 됩니다.

농촌을 살리고 로컬 식량운동을 지원하려면 로컬 인프라 확충에 보조금을 써야 합니다. 로컬 생산자와 소비자를 직접 연결하는 유통 라인도 필요하고, 다품종 재배를 하는 소규모 농장에 적극적으로 지원해야 합니다. 그러한 정책 변화가 생기면 일자리가 풍부한 지역 기반의 생태적 로컬 경제 체제가 놀랄 만큼 빠르게 성장할 것이고, 전 세계의 저소득 계층이 로컬 경제의 혜택을 받을 수 있습니다.

마찬가지로 화석 연료 보조금을 줄이고, 공해를 일으키는 산업에 세금을 더 많이 부과하면 자원 집약적인 경제 체제에 숨은 각종 비용이 내부화될 것이고, 시장 가격은 실제 자원과 공해 비용에 맞게 재조정될 겁니다. 그러면 로컬 상품들의 가격이 더 낮아져 더 많은 사람들이 구매력을 갖게 될 것입니다.

Q.
많은 국가들이 치솟는 실업율 때문에 고민하고 있습니다. 한국 역시 일자리 해법을 찾기 위해 고심하고 있는데 세계화가 아닌 지역화가 이 문제를 해결할 수 있을까요?

세계화가 진행되면서 경쟁은 급증하고 고용 안정은 옛말이 되었습니다. 사람들은 갈수록 먹고 살만한 임금을 받기가 어렵습니다. 기업 규제가 풀리자 일자리도 갈수록 불안해졌습니다. 이를테면 1994년 북미자유무역협정(NAFTA)으로 미국은 공장들이 임금이 더 싸고 노동 기준이 더 낮은 멕시코로 이전하는 바람에 일자리 약 70만 개를 잃었습니다. 그러나 세계화는 끊임없는 '바닥을 향한 경주'이므로 그 일자리들이 전부 멕시코에 남아 있지 않았습니다. 2000년 10월에서 2003년 12월까지 멕시코에서는 일자리 30만 개가 사라졌습니다. 중국이 미국에 수출한 대량 생산품이 더 쌌으니까요. 전반적으로 멕시코 농부들이 가장 손해를 많이 봤습니다. 보조금을 많이 받는 미국 농산물이 로컬 시장에 들어가 약 230만 소농의 삶을 무너뜨렸습니다. 결국 숱한 농부들이 멕시코의 혼잡한 도시에서 저임금 산업의 일자리 경쟁으로 내몰렸습니다. 그마저도 선택할 수 있는 일이 거의 없었기 때문에 많은 이들이 합법이든 불법이든 미국으로 이주하기에 다다랐습니다. 아이러니는 미국의 극우들은 이런 세계화의 피해자들이 자기네들의 일자리를 빼앗는다고 주장한다는 겁니다.

미디어는 남반구 산업 노동자들의 생활 수준이 높아졌다고 강조하지만 공장을 해외로 이전한 기업이 받는 혜택은 그보다 훨씬 더 큽니다. 이를테면 아이폰 한 대 가격에서 중국 노동자들에게 돌아가는 몫은 2퍼센트 미만이고 애플은 58 퍼센트를 수익으로 가져갑니다.

노동자들은 일자리가 사라지면 생활수준이 제자리에 머물거나 하락할 뿐 아니라 저임금, 장시간 노동, 낮은 복지를 받아들이지 않으면 일자리가 쉽게 다른 곳으로 이전한다는 위협을 받기도 합니다. 이런 식으로 지금 효력을 갖는 여러 다자간, 양자간 '자유 무역' 조약은 노동자의 교섭력을 약하게 만들고 해외로 이전하지 않은 기업의 일자리 임금도 낮춥니다. 기업이 중앙 집중화하고 규모를 키워도 일자리는 사라집니다. 여러 가지 세금 우대와 보조금을 받는 글로벌 기업이 새로운 시장에 진입하면 지역 경제는 일자리가 줄어듭니다. 노동력에 더 많이 의존하는 작은 경쟁자들이 문을 닫기 때문이죠. 몇 가지 연구 결과를 보면, 영국에서 새로운 슈퍼마켓이 하나 생기면 일자리 276개가 사라집니다. 로컬자립연구소의 보고서에 의하면 온라인 기업 아마존이 만든 일자리보다 없앤 일자리가 15만 개 가량 더 많습니다. 아마존은 다른 온라인 유통업체처럼 공공 비용으로 세운 통신과 교통 인프라의 혜택을 받을 뿐 아니라 미국 고객에게 물건을 팔고도 주와 지방의 판매세 납부를 회피했습니다. 판매세수는 주와 지방에서 절실히 필요한 세금입니다. 중심가에 있는 기업에 비해 아마존이 받는 가격 혜택은 9.75퍼센트나 높습니다. 아울러 첨단 기술 때문에도 많은 일자리가 사라지고 있습니다. 제조업이 명확한 사례입니다. 로봇이 수많은 숙련공을 대체하고 있습니다. 또 기술은 농업에도 비슷한 영향을 주고 있습니다. 글로벌 경제의 수출 시장은 막대한 양의 표준화된

상품을 요구합니다. 그런 식량을 대규모로 생산한다는 건
단일 품종 생산을 뜻합니다. 산업장비와 화학약품에 크게
의존하지만 노동력은 많이 필요하지 않습니다. 결국 농업 부문
노동자들이 큰 타격을 받습니다. 유럽에서는 지난 10년 동안
사라진 10헥타르 미만 농장이 거의 400만 개입니다. 오늘날
농장의 3퍼센트가 유럽연합 전체 농지의 50퍼센트 이상을
관리합니다. 미국에서는 통계청이 농부를 인구통계학적으로
미미한 인구로 여겨서 더 이상 통계를 잡지 않지만 그 수는
미국의 수감자보다 더 적을 것으로 추정합니다. 정보 기술이 더
정교해지자 사람이 하던 여러 부문의 일을 컴퓨터가 대신하고
있습니다. 아직은 저임금 노동과 고도로 숙련된 일자리가 이런
트렌드에서 비교적 보호를 받고 있지만 기술이 발전할수록
모든 사람이 일자리 불안을 더 많이 느끼고 있습니다.
이처럼 오늘날 자유 시장은 전혀 자유롭지 못합니다. 다국적
기업은 규제 완화와 보조금에 힘입어 계속 성장하고 있는 반면
로컬 기업과 지역 사회는 무너지고 있습니다. 경제의 규모를
줄이면 이런 기업들의 힘을 제어할 수 있고 정부는 자유롭게
복지 프로그램을 늘리고 로컬 기업을 지원할 수 있습니다. 그로
인해 작은 기업들이 살아나고 글로벌 무역에 의존했던 것보다

더 의미 있는 일자리가 생깁니다. 지역화란 경제를 로컬 문화, 로컬 환경, 로컬의 필요에 따라 맞춰야 하기 때문에 단 하나의 청사진 같은 것은 존재할 수 없습니다.

Q.
혹시 지역화가 경제 성장이 필요한 지역을 고립시키고 후퇴시켜서 부의 양극화를 심화시키는 것은 아닐까요?

사실 그 반대입니다. 지역화를 하려면 국제적인 협력과 결속이 필요합니다. 거대 기업을 막으려면 문화적 다양성을 깊이 존중하는 자세로 지역화를 이뤄야 합니다. 영국의 프레스턴은 지역화가 어떻게 협력을 넓혀 가는지 보여 주는 아주 좋은 사례입니다. 2011년 프레스턴 시군의회는 정부 보조금 삭감에 대응하고자 구매를 지역에서 해결하기로 했습니다. 경찰, 주택협회, 대학을 포함한 지역 내 여섯 기관을 중심으로 2년 안에 지역 공급자에게 구매하는 비율을 14퍼센트에서 28퍼센트로 올렸습니다. 아울러 로컬 협력 사업의 수도 늘었습니다. 고립주의자가 되기는커녕 프레스턴 의회는 현재

유럽구매네트워크의 일환으로 유럽 전역의 도시들과 협력하며
로컬 경제를 비슷하게 바꿀 방법을 모색하고 있습니다.
그렇게 성장하고 있는 다른 네트워크들도 많이 있습니다.
지역생활경제기업연합(BALLE)은 북미 전역의 로컬 기업
리더 수백 명이 모여서 최고의 경영 기법을 공유하는
모임입니다. 마찬가지로 새경제연합에서는 북미 전역의
NGO, 기업, 활동가들이 모여서 지역화 전략을 교환합니다.
전환마을 네트워크에서는 화석 연료에 기반한 경제에서
최대한 탈피하려는 모임들이 연결되고 있습니다. 우리 조직인
로컬퓨처는 국제지역화연맹(IAL)을 설립해서 이런 교환을 전
세계로 확대하여 현재 50개국 이상에서 기관과 개인 회원이
함께하고 있습니다. 진정한 지역화는 소규모 활동을 대규모로
하는 것입니다. 그러려면 각계각층이 협력해야 합니다.

Q.

한국은 그 어느 때보다 서울을 중심으로 한 중앙
집중화가 심화되고 있습니다. 한국에서 지역화를
이루려면 가장 시급한 선결과제는 무엇일까요?

한국뿐 아니라 어느 곳에서든 안정적이고 튼튼한 로컬 경제의
핵심은 식량입니다. 로컬 경제를 제대로 갖추려면 반드시 해야
할 일들이 있는데 간단히 예를 들면 소농들을 정책적으로
지원하고, '식량 허브'를 비롯한 여러 가지 구상들로 생산자와
소비자를 연결하고, 비영리 은행을 설립하여 농부들에게
저금리로 융자를 해주는 일 등입니다.

도시화와 중앙 집중화가 더 이상 확산되지 않게 막는 일도
중요합니다. 도시는 농촌보다 일인당 소비하는 에너지와 물,
기타 자원이 더 많기 때문입니다. 그러나 도시들이 로컬 식량
체계에서 중요한 역할을 담당하지 말란 법은 없지요. 주변에
있는 가까운 농촌들과 연대해서 그곳에서 재배한 식량을
도시민들이 소비하면 됩니다.

전 세계에서 도시 농업이 주목받고 있고, 오늘날 매우 인상적인
로컬 푸드에 대한 아이디어가 도시의 지형을 집중적으로

바꾸고 있습니다. 도시의 낡은 주차장을 정원으로 바꾸기도 하고, 농산물 직판장을 세우기도 하고, 주민들이 자유롭게 이용할 수 있도록 공공녹지에 텃밭을 가꾸는 등 여러 가지 활동을 합니다. 전 세계 도시 지역에서는 로컬 금융, 지역 사회 공공주택, 직접 민주주의, 그리고 로컬 에너지 부문에서도 인상적인 사업들이 일어나고 있습니다.

따라서 지방 정부는 이처럼 이미 진행되고 있는 사업들을 지원하고, 지자체 차원에서도 사업을 시행해서 도시에 활력을 불어넣고 도시와 농촌의 격차를 줄일 필요가 있습니다.

안타깝게도 중앙 정부들은 당파 싸움에 계속 마비 상태이지만 대도시를 포함해서 많은 지방 정부들은 미래의 건강한 로컬 경제를 제대로 육성해 나가고 있습니다. 한국도 이미 상당한 수준에 올라 있습니다.

Q.

소규모의 로컬 경제가 안정적으로 성장하기
위해서는 지역의 인프라 구축이 필요합니다.
그러나 인구가 대도시에 집중되어 있어서 지역에
인적 자원이 매우 부족합니다. 이 문제를 풀 수
있는 해법은 무엇이 있을까요?

세계 인구가 도시에 압도적으로 편중된 것처럼 보이는 것도
사실이지만, 여전히 많은 사람들이 농촌에서 살고 있습니다.
세계 식량의 70퍼센트는 아직도 소농들의 손에서 자라고, 이런
방식의 식량 생산은 산업형 방식보다 훨씬 더 효과적으로 세계
인구를 먹여 살립니다. 대도시 바깥에서 사는 사람들은 경험과
지식이 풍부합니다. 만약 정부의 보조금, 무역 정책, 폭넓은
문화 정신의 지원을 받는다면, 아니 적어도 방해라도 받지
않는다면 그들은 전 세계에 안정적이고 건강한 로컬 경제를
이룰 수 있는 기반을 닦을 수 있을 것입니다. 지역화를 위해서
우리가 지금 해야 할 중요한 일은 땅을 일구며 사는 마을
주민과 사람들이 기업의 일자리를 약속하는 도시로 떠나지
않도록 막는 것입니다. 그렇게 하려면 작은 마을을 다시 살고

싶고 일하고 싶은 곳으로 만들어야 합니다. 즉 지역의 인프라에 투자해야 한다는 말입니다.

현재 세계화가 의존하는 거대 고속도로, 댐, 공항, 첨단 통신 기술 같은 대규모 인프라 사업에 들어가는 돈은 급증하고 있습니다. 우리는 번창하는 수많은 소도시와 마을을 지원하는 데 세금을 쓰라고 정부를 설득해야 합니다. 곧 공공 기금으로 지역화를 지원하라는 뜻입니다. 분산된 신재생 에너지 같은 것을 더욱 발전시켜야 합니다. 농업부터 의학까지 모든 분야에 몹시 필요하고 적합하고 다양한 기술을 개발해야 합니다. 또한 엄밀히 인프라는 아니지만 이를테면 소기업 인큐베이터나 여러 부문을 연결하는 융복합 사업처럼 다양한 활동도 지원해야 합니다. 예를 들면 지역 농장과 병원을 연결하거나 로컬 푸드를 학교에 공급하는 것이지요. 이렇게 큰 그림을 보면 '인적 자원'을 인위적으로 부족하게 만드는 맹목적인 기술-경제 통제에서 인류를 해방하는 것이야말로 가장 중요한 해결책이란 것을 분명히 알게 됩니다.

정치 지도자들 중에는 기술을 더 많이 만들어 내야 일자리도 만들 수 있다고 믿는 사람들이 있습니다. 그 말이 잘못됐다는 것은 다섯 살짜리 꼬마도 알아챌 것입니다. 우리는 장인들이

모든 기초 생필품을 생산하는 의미 있는 생활을 장려하는
데 세금을 쓰라고 시급히 요구해야 합니다. 장인들은 정말
실용적인 기술로 물건을 만들지만 그들은 늘 기술을 사람을
위해 쓰지 이윤을 키우는 데 쓰지 않습니다. 지금의 비즈니스는
전부 노동자 대신 에너지와 부족한 광물 자원을 이용하려고
합니다. 그것도 지구가 기후 변화와 실업, 빈곤이라는 무서운
유령에게 공격받고 있는데도 말입니다. 바로 지금 우리가 할 수
있는 가장 희망적인 일은 이미 열정적으로 지속 가능한 삶을
만들어가고 있는 사람들의 지혜와 용기를 자신과 이웃에게
전하는 것입니다.

Q.
지역화를 위해서는 모두들 대도시를 떠나서
살아야 하나요? 대도시에 살면서도 지역화를
실천할 수 있을까요?

지역화란 경제를 인간적인 규모로 되돌리자는 것입니다.
바꿔 말하면 우리 주변에 누가 있는지 알 수 있고, 각자 지역
사회에서 수행할 중요한 역할이 있다는 것을 느낄 수 있고,

스스로의 행동에는 사회적, 생태적 결과가 따른다는 것을
이해할 수 있도록 '규모를 줄이자'는 뜻입니다. 오늘날 현대의
거대 도시에서는 그렇게 하기가 무척 어렵습니다. 대도시에서
하는 행동들은 지구 전체에 영향을 주기 때문입니다.
작은 도시뿐 아니라 대도시에서도 여러 의미 있는 구상과
변화들이 역동적이고 실험적으로 일어나고 있습니다. 이런
변화들이 긍정적인 효과들을 불러온다면 대도시에 사는 것과
지역화 역시 양립할 수 있을 겁니다. 그리고 장기적으로는
우리가 살아가는 터전, 즉 땅과 건강한 관계를 이룰 수
있는 소규모 지역 사회를 아주 많이 만드는 일에 나서게 될
것입니다.

글로벌에서 로컬로 전환하기 위해서 다양한
분야에서 의미있는 시도들이 일어나고 있습니다.
현장에서 지역화를 고민하는 디자이너나 건축가,
활동가들에게 지속 가능한 로컬 디자인에 대해
조언을 부탁드립니다.

로컬 경제의 기본적인 디자인 요소는 자연스러워야 합니다.
그리고 무엇보다 지속 가능한 디자인은 지역에 기반해야
합니다. 지역의 환경과 문화를 반영하고 거기에 적응해야
합니다. 그건 친환경 주거 형태인 패시브 솔라 하우스를 짓는
일처럼 간단하기도 하고, 야생 생물 서식지를 보호하도록
생태학적 특징에 따라 개발을 기획하는 일처럼 복잡하기도
합니다. 또한 지역 사회의 가치와 필요를 제대로 반영할 방법을
고민하는 일이기도 합니다. 예를 들어 거리에는 어떤 공공
예술이 있는가? 지역 사회가 참여할 수 있는 일인가? 결속과
포용을 권장하는가? 최근에 이런 질문들에 답을 찾는 '공간
만들기(place-making)' 운동이 많이 일어나고 있습니다. 이
운동의 지지자들은 도시와 마을에 교통과 공해로 찌들지 않고

지역 사회가 교류할 수 있는 공간을 창조합니다.

지속 가능한 디자인의 또 다른 중요한 특징은 인간적인 규모입니다. 과거 에너지와 식량 생산 부문에서 녹색운동은 주로 '클수록 좋다'는 신화에 속아 넘어갔습니다. 재생 가능한 에너지는 주로 광활한 풍력 발전 지대나 태양광 농장에서나 볼 수 있는데 야생 생물 거주지에 에너지 생산 시설을 집중한 것이죠. 유기농 농장은 수백 에이커로 넓어져서 수천 킬로미터를 운반해야 할 단일 품종을 생산합니다. 두 경우 모두 규모를 축소하고 분산화를 이루면 사회적인 혜택은 물론 생태적 혜택도 누릴 수 있습니다. 먼저 일자리가 더 많이 생길 것이고, 에너지와 식량 폐기물이 줄어들어 야생 생물 서식지가 늘어날 겁니다.

다양성을 권장하는 것도 지역화 디자인에서 빼놓을 수 없는 부분입니다. 생물학적 차원에서 다양성은 지구에서 살아가는 생명의 토대입니다. 경제적 차원에서는 지역 사회에 풍요로움과 탄력을 제공하고, 문화적 차원에서는 결속과 관용을 권장합니다. 심리적 차원에서는 더 큰 행복을 느끼게 합니다. 글로벌 체제의 단일 소비문화와 달리 지역 경제는 다양성을 요구하고 지지합니다. 새롭게 등장한 장인경제구상이 좋은 예입니다.

미국 오리건주 포틀랜드의 장인경제구상(Artisan Economy Initiative)은 최근 의류와 보석 제조, 그래픽 디자인, 가구 제작, 식량 생산 등을 포함한 모든 분야에서 성공한 기업을 조사했습니다. 조사 대상 126개 기업은 전체적으로 1000명 이상을 고용하여 포틀랜드 경제에 2억 5000만 달러 이상을 기여했습니다. 이 돈은 로컬 기업들이 번 돈이므로 먼 곳에 있는 주주들이나 기업 본사로 즉시 빠져나가지 않고 지역 사회 안에서 순환하면서 더 많은 혜택을 만들어 냈습니다. 포틀랜드를 비롯한 여러 곳의 긍정적인 변화가 가능했던 건 각계각층에서 수많은 사람이 인간, 그리고 자연과 더 가까워지고 싶은 깊은 욕구에 눈을 떴기 때문입니다. 그들은 정말로 중요한 가치가 무엇인지 깨달았고, 다양한 구상이 이런 혜택을 입증하기 시작하자 더 많은 사람이 모여드는 선순환이 일어나고 있습니다.

지역화에 만능해결책 같은 것은 없습니다. 지역 사회는 저마다
필요가 다르고, 의식이 아무리 높아도 문제가 없는 국가나
도시는 없습니다. 그럼에도 매우 인상적인 성공 스토리들은
있습니다.

최근 엘살바도르는 금속 채굴을 전면 금지했습니다. 국가
차원에서는 처음 있는 일인데 이렇게 광산업에 반대해야
경제가 건강하게 번창할 수 있습니다.

태평양의 섬나라 바누아투의 토르바주에서는 정크 푸드 수입을
금지하고 토란, 고구마, 해산물, 파인애플 등 향토 먹거리를
권장합니다.

프랑스 무앙 사르투 코뮌의 자치정부는 로컬 식량 경제를 여러
부문과 통합하는 데 가장 진보적인 곳입니다. 시가 소유한
유기농 농장이 있는데, 그 지역 학교 급식에 들어가는 채소의
85퍼센트를 생산할 뿐 아니라 저소득 시민들에게 저렴한

가격으로 팔기도 하고 남는 것은 로컬의 푸드뱅크에 기부도 하고 있습니다.

영국의 브리스틀과 프롬 같은 일부 지역에서는 흥미진진한 일들이 일어나고 있습니다. 그곳의 기성 정당에서 권력을 얻은 독립심이 강한 정치 지도자들이 주도하고 있는 일들인데, 그들은 다국적 기업에 의존해서는 일자리도 만들 수 없고 도시에 활력을 불어넣을 수도 없다는 것을 인식했습니다. 다국적 기업에 의존하는 것은 경제적으로 막다른 골목이나 다름없다는 것을 깨달은 것입니다. 프롬에서는 이제 지방 의회 전체가 무소속 의원으로 이루어져 있습니다. 그들은 위에서 내려오는 지시를 받지 않고 지역구를 대표해서 일하기로 결정했다고 합니다. 브리스틀의 전 시장 조지 퍼거슨은 지역화폐 브리스틀 파운드를 만들어 그 돈으로 월급을 받았습니다.

한 도시나 지역 사회가 지역화의 여러 측면을 모두 시행한 적은 없지만 대륙을 통틀어 보면 성공 사례가 아주 많습니다. 그것들을 모두 모으면 우리에게 필요한 해법을 찾을 수 있을 겁니다.

Q.
아직 갈 길은 멀지만 진정한 지역화가 이루어질
경우, 우리가 살게 될 미래가 궁금합니다.

지역화로 인해 대기업의 정치적 영향력이 줄어들면
국회의원들이 기업이 아니라 시민에게 책임을 다하게 되어
민주주의를 회복할 수 있습니다. 또한 소기업이 더 많이
생기고 돈이 지역 안에서 순환되면 부의 집중이 분산됩니다.
또한 소비문화가 만들어낸 욕구보다 인간의 진정한 필요를
충족시키고, 생산자와 소비자의 거리를 줄여서 오염과
폐기물을 최소로 만들 수 있습니다.
지역화를 하면 사람들이 자기 행동의 결과를 더욱 분명하게
인식합니다. 예를 들어 소규모 경제에서는 식량 생산에
화학비료를 썼는지, 농장 노동자가 착취를 당했는지, 토지가
건강한지 바로 알 수 있습니다. 그러면 기업은 더욱 책임을
다하게 됩니다.
지역화는 수출에 특화된 생산보다 로컬에 필요한 다양한
생산을 우선시해서 글로벌 독점 기업의 경제적, 정치적 힘을
수백만 소상공인, 소농, 소기업에 재분배합니다. 그렇게

해서 정치적 힘을 분산하고 변화를 바라는 시민들에게 힘을 실어줍니다.

지역 사회 농장, 농부 직거래 장터, 지역 사회 지원 농업 계획, 도시농업 같은 식량 기반 활동에서 로컬기업연맹, 분산화한 신재생 에너지 계획, 장비 대여 도서관, 지역 사회 기반 교육 프로젝트까지 폭발적으로 성장하는 지역화 구상들은 점점 더 많은 사람들이 지역화를 자신이 직면한 문제를 해결할 체계적인 해결책으로 삼는다는 사실을 입증합니다.

이미 진행 중인 몇 가지 구상을 간단히 살펴보겠습니다.

- 호주 피츠로이에서 시민들은 매달 공원에 모여서 농산물, 종자, 계란, 잼, 처트니, 꽃, 요리법, 텃밭 재배 요령 등을 교환합니다. 돈으로 사는 게 아니라 각자 필요한 만큼 가져갑니다. 자칭 어번하베스트(Urban Harvest)라고 부르는 이곳에서 사람들은 식품에 쓸 돈을 아낄 뿐 아니라 이웃을 만나고 공동체를 만들 기회를 얻습니다.

- 미국 버몬트주 파인아일랜드 농장에서는 주로 아프리카와 아시아에서 온 난민들이 고국의 전통적인 농사와 요리를

계속 이어갈 수 있게 합니다. 농장에서는 이주민들에게 문화적으로 관련이 있는 적당한 식량을 기를 수 있는 기회를 제공할 뿐 아니라 새로운 공동체를 이룰 수 있게 돕기도 합니다.

- 영국 옥스퍼드셔의 로우카본허브(Low Carbon Hub)에서는 지역 사회 소유의 분산된 재생 가능 에너지 인프라를 건설하고 있습니다. 옥상과 황폐한 땅을 로컬에 필요한 마이크로 그리드로 바꾸는 것이죠. 필요한 자본은 지역사회주식을 발행해서 충당합니다.

몇 가지 사례만 언급했지만 말 그대로 수천 개에 이르는 창의적인 풀뿌리 구상들이 지역화의 실행 가능성과 체계적인 이점을 잘 보여주고 있고, 누구나 지역화를 실천할 수 있습니다.

Q.

지역화가 세계화의 폐해를 막고, 미래의 실제적인
대안이 되려면 우리 개개인은 각자의 위치에서
무엇부터 시작해야 할까요?

경제 세계화가 미친 악영향들은 서로 상관관계가 있는 것들이
많습니다. 권위주의의 부상은 그중 하나입니다. 글로벌 경제
체제는 과다한 경쟁과 경제 불안을 일으키고, 중앙 집중화를
통해 지역 사회를 파괴하며, 개인과 문화의 정체성과 다양성을
파괴합니다. 그래서 권위주의적 리더가 등장할 최적의 조건이
만들어지는 겁니다. 의식주를 비롯한 모든 문화를 획일적으로
만들려는 '글로벌 모노컬처' 역시 글로벌 기업들의 전략입니다.
기업들에게 개개인의 다양성은 효율화의 걸림돌이기 때문이죠.
이 모든 위기를 해결하기 위해 우리에게 가장 필요한 것이
바로 지역화를 세계화하는 겁니다. 바로 대대적으로 소규모가
되는 것이죠. 즉시 경제 활동의 규모를 줄이고, 분산하여 지역
사회와 로컬 경제가 인간의 사회적 욕구를 포함한 스스로의
필요를 최대한 충족할 수 있는 권한을 주어야 합니다.
여러 지역 사회가 지배적인 체제와 정책 변화의 필요성에 대해

더 많이 배운다면 가능성은 더 늘어날 겁니다. 로컬리스트는 개별 도시나 지역, 국가뿐 아니라 그 너머까지 보면서 정책 계획을 세워야 합니다. 우리는 또한 외교 정책과 국제 무역에 대해서도 숙고해야 합니다.

글로벌에서 로컬로 전환하기 위해 우리가 할 수 있는 일은 많습니다. 첫 단계는 동지를 찾아서 만나야 합니다. 이 체제를 움직이는 건 개인이 아니고, 개인의 행동 변화만으로는 문제를 해결할 수 없으므로 체계적으로 협력해서 움직여야 합니다. 남이나 스스로를 비난하는 건 무익하고 그럴 이유도 없습니다. 좋은 의도를 갖고 있어도 죄책감을 느끼면 위축되기 마련이고 결국 세계화가 촉진하는 트렌드를 더 나쁘게 만들 뿐입니다. 우리는 어디서 무슨 일을 하든지 분권화를 지지할 수 있습니다. 친구들과 동료들에게 정책 변화와 로컬 구상의 필요성을 알려서 그들의 인식을 바꿀 수 있습니다. 직업과 생활 방식이 허락한다면 첨단 재료보다 천연 재료를 사용하고 로컬의 상황에 맞게 디자인하고 한 걸음 뒤로 물러나 더 큰 그림을 보도록 해야 합니다.

이처럼 미래의 로컬 경제 운동은 여러 가지 전략적 변화를 실행해야 합니다. 시민들의 인식을 넓히고, 역동적인 정치

캠페인을 벌이고, 계몽적인 시민 행동과 국제적인 협력이
필요합니다. 우리가 직면한 위기에 비하면 이러한 시도들이
미비한 것처럼 보이지만 지역화의 해법은 전통적인 정치
스펙트럼의 양진영의 수많은 사람들이 함께 참여하고, 개별
문제를 다루는 수백 개 캠페인을 규합할 잠재력이 있습니다.
여러 가지 위기에는 공통 원인이 있다는 큰 그림을 이해한다면
공동의 목적을 가지고 연합할 수 있습니다. 지역화는 상호
협력과 새로운 체계의 구축을 통해 최종적으로 권위주의에
대항하는 가장 효과적인 수단입니다.

힘 있는 글로벌 기업을 상대로 긍정적인 변화를 추구하는 일은
하다 보면 때로 중압감을 느낄지도 모르지만 서로 정보와
통찰을 공유하면 변화는 빠르게 일어납니다. 깊이 이해하고
공감하는 사람들이 늘어나면 그 변화는 들불처럼 번질 겁니다.

맺는말

오늘날 급변하는 글로벌 경제는 기동성과 경쟁력, 개인주의를 강요하여 사람들에게 나이가 들수록 약하고 의존적이 될 거라는 두려움에 떨게 한다. 반대로 지역화는 인간이 깊이 갈망하는 사랑과 연대를 충족시킨다. 사랑과 연대는 인간의 행복과 자족의 주춧돌이다. 그 기반 위에 세운 지역 사회에서는 서로 의지하고 사는 기쁨을 누릴 수 있다.

우리는 지역화를 통해 지역 감각을 회복함으로써 또 다른 근본적인 변화로 나아갈 것이다. 정보의 세계화가 낳은 생활 방식은 가까이 있는 것들을 무시해 왔다. 우리는 중국이나 중동, 워싱턴D.C.에 관한 뉴스는 알아도 바로 뒷마당에서 일어나는 일은 전혀 알지 못한다. 컴퓨터 자판을 몇 번만 두드리면 아프리카의 야생 동물을 전부 볼 수 있으니, 주변 환경이 지루하고 볼품없는 것처럼 느껴지는지도 모른다. 지역 감각을 회복하면 우리 주변에 살아 있는 환경을 우리 아이들과 함께 경험할 수 있다. 우리가 먹는 음식이 어디서 오는지 살펴보고 직접 길러보기도 하고 계절의 순환과 동식물의 특징을 음미하는 법을 배울 수 있다.

오늘날 여러 사람이 느끼는 걱정과 고립, 불만은 사실 잘못된 체제에 대한 자연스러운 반응이다. 그러한 감정 때문에 사람들은 인생에서 진실하고 건강하고 본질적인 것이 무엇인지 찾고자 한다. 그리고 거기서 영감을 받아서 만족과 안전, 기쁨을 회복하려고 노력한다.

우리가 어디에 있든지, 우리는 이 여정을 시작할 수 있다. 더욱 친밀한 연대를 추구하면서 마음과 뜻이 맞는 사람들을 찾아낼 수 있다. 우리를 계속 떼어놓는 두려움과 자의식에서 벗어나 서로 나누고 돌보는 문화를 만들 수 있다. 우리는 자연에 깊이 공감하고, 일체감을 경험할 수 있다. 진언이나 노래, 요가, 명상 등으로 복잡한 마음을 가라앉히면 글로벌 경제에서 느끼는 압박에서 벗어나 깊은 활력과 영감을 얻을 수 있다. 그러한 방법으로 우리는 개인뿐 아니라 공동체와 사회 전체에도 이로운 선택을 내릴 수 있다. 우리는 경쟁과 결핍, 착취의 하향식 경제에서 협력과 풍요, 행복의 경제로 방향을 전환할 수 있다.

인류 역사 전반에서 인간은 문화 전통, 사회, 개성뿐 아니라 신체조차도 자연과 공동체와 맺은 관계 속에서 발전해 왔다. 세계화하는 경제는 거짓 약속을 하면서 그러한 관계를 끊게 만들었다. 경제가 성장해야 진짜 발전한다는 거짓말로, 물건이 더 많고 돈이 더 많아야 행복하다는 거짓말로, 기술이 있으면 문제를 다 해결한다는 거짓말로 말이다.

그러나 글로벌 경제 체제는 전혀 효과가 없다는 것이 이미 만방에 알려졌다. 몇 해 사이에 수많은 사람이 계속해서 연대하고 있다. 우리는 오래된 전통문화에서 '내적'인 것과 '외적'인 것, 인간과 그 밖의 다른 모든 존재는 떼려야 뗄 수 없는 관계라는 것을 다시 배우고 있다. 우리는 비로소 우리 안의 세계에 눈을 뜨고 있다. 인간은 거대한 생명의 네트워크를 이루는 일부이다. 그 안에서 생명은 서로 돕고 의지한다. 우리가 속한 그 세계를 더욱 명확히 인식하고 경험할 때 진정으로 지속 가능한 로컬의 미래가 열릴 것이다. ●

각주와 참고문헌

1) 'Global Finance: Dismantle or Reform?', Interview with Paul Hellyer. 1999년 5월 30일. http://www.abc.net.au/radionational/programs/backgroundbriefing/global-finance-dismantle-or﹁reform/3557536#transcript (2015년 7월 28일 접속).

2) World Bank, http://go.worldbank.org/V7BJE9FD30 (2014년 10월 18일 접속).

3) Wallach, L. and Beachy, B. (2013) 'Obama's Covert Trade Deal', 뉴욕 타임스 6월 2일. http://www.nytimes.com/2013/06/03/ opinion/obamas-covert-trade-deal.html?_r=0

4) Sachs, J. (2011) The Price of Civilization: Economics and Ethics After the Fall, (Random House Canada), p. 94. 「문명의 대가」(21세기북스).

5) European Commission, 'Investor-to-State Dispute Settlement (ISDS): Some facts and figures', March 12, 2015. http://trade.ec.europa.eu/doclib/docs/2015/january/tradoc_153046.pdf (2016년 4월 25일 접속).

6) 이 내용은 2013년 10월 The Seattle to Brussels Network, Corporate Europe Observatory and The Transnational Institute가 발표한 보고서 'A Transatlantic Corporate Bill of Rights: Investor privileges in EU-US trade deal threaten public interest and democracy'에서 발췌하고 요약했다. http://corporateeurope.org/trade/2013/06/transatlantic-corporate-bill-rights. Used here in accordance with the Creative Commons Attribution-NonCommercial-ShareAlike 3.0 Unported License http://creativecommons.org/licenses/by-nc-sa/3.0/

7) Tamiotti, L. et al. (2009) Trade and Climate Change. World Trade Organization (WTO) and United Nations Environment Programme (UNEP), p. 48.

8) World Development Indicators Database, http://data.worldbank.org/ (2014년 10월 18일 접속).

9) FAOSTAT, Food and Agriculture Organization, http://faostat3.fao. org/home/index.html. 참고 자료. Ten Veen, R. (2011) 'Global Food Swap', Greening the North; Lucas, C. (2001) 'Stopping the Great Food Swap: Re-localizing Europe's Food Supply', The Greens/European Free Alliance/ European Parliament; Norberg-Hodge, H., Merrifield, T., and Gorelick, S. (2002) Bringing the Food Economy Home (London, Zed Books), p. 18.

10) Ungoed-Thomas, J. and Meyer, M.R. (2007) 'British Prawns Go To China To Be Shelled', The Sunday Times, May 20, http:// www. timesonline.co.uk/tol/news/uk/article1813836.ece. 참고 자료. Scotsman Editors (2006) 'Jobs lost as Scottish scampi sent on round trip to China', The Scotsman, September 25, http:// www.scotsman.com/news/ scotland/top-stories/jobs-lost-as-scottish-scampi-sent-on-round-trip-to-china-1-1141935; Edwards, R. (2009) 'Scotland to China and back again...cod's 10,000-mile trip to your table', Herald Scotland, August 22, http://www.heraldscotland.com/scotland-to-china-and-back-again-cod-s-10-000-mile-trip-to-your-table-1.826905; Rosenthal, E. (2008) 'Environmental cost of shipping groceries around the world', New York Times, April 26, http://www. nytimes.com/2008/04/26/business/worldbusiness/26food. html; Greenberg, P (2014) 'Why Are We Importing Our Own Fish?', New York Times, June 20, 2014, http://www.nytimes. com/2014/06/22/opinion/sunday/ why-are-we-importing-our-own-fish.html; Piotrowski, D. (2014) 'Caught in New Zealand, crumbed in China and packed here in Australia', Daily Mail Australia, October 16, http://www.dailymail.co.uk/ news/ article-2796675/caught-new-zealand-crumbed-china-packed-right-australia-ridiculous-journey-coles-fish-travelled-17000km-kilometres-end-supermarket-shelf.html (모든 기사는 2014년 10월 18일 접속).

11) New York Times Editorial Board (2012) 'Race to the Bottom',

New York Times, December 5, www.nytimes.com/2012/12/06/
opinion/race-to-the-bottom.html; 참고 자료. Story, L. (2012) 'As
Companies Seek Tax Deals, Governments Pay High Price', New
York Times, December 1, http://www.nytimes.com/2012/12/02/
us/how-local-taxpayers-bankroll-corporations.html?_r=0; Mat-
tera, P. (2014) 'Subsidizing the Corporate One Percent: Subsidy
Tracker 2.0 Reveals Big-Business Dominance of State and Local
Development Incentives', http://www.goodjobsfirst.org/subsi-
dizingthecorporateonepercent (2014년 10월 18일 접속).

12) Business Insider (2014), 'Development banks back G20 global
infrastructure hub', November 13, http://www.businessinsider.
com/afp-development-banks-back-g20-global-infrastructure-
hub-2014-11 (2015년 9월 22일 접속).

13) Spross, J. (2013) 'Global Ponzi Scheme: We're Taking $7.3 Tril-
lion A Year In Natural Capital From Our Children Without Pay-
ing For It', Think Progress, April 23, http://thinkprogress.org/
climate/2013/04/23/1905421/ global-ponzi-scheme-taking-
73-trillion-year-natural-capital-from-our-children-without-
paying/ (2014년 10월 18일 접속).

14) Coburn, T. (2012) 'Treasure Map: The Market Access Program's
Bounty of Waste, Loot and Spoils Plundered from Taxpay-
ers', http://www.coburn.senate.gov/public//index.cfm?a=Files.
Serve&File_id=5c2568d4-ae96-40bc-b3d8-19e7a259f749,
(2014년 6월 18일 접속).

15) MacEwan, A. (2014) 'The Ex-Im Bank: "Crony Capitalism"?',
September 10, Dollars and Sense, http://dollarsandsense.org/
archives/2014/0914macewan.html (2014년 10월 18일 접속).

16) Environmental Working Group farm subsidy database, http://
farm.ewg.org/ (2015년 9월 22일 접속).

17) "Giant Job Subsidy Packages Grow More Common and Costly",
Good Jobs First, June 19, 2013, http://www.goodjobsfirst.org/
news/releases/giant-job-subsidy-packages-grow-more-com-

mon-and-costly (2015년 9월 22일 접속).

18) Wal-Mart Subsidy Watch, http://www.walmartsubsidywatch. org/; Good Jobs First Subsidy Tracker & Corporate Subsidy Watch, www.goodjobsfirst.org/ (2014년 10월 18일 접속).

19) Felkerson, James, "$29,000,000,000,000: A Detailed Look at the Fed's Bailout by Funding Facility and Recipient", Levy Economics Institute of Bard College, 2011년 12월.

20) "Fossil fuels subsidised by $10m a minute, says IMF", http://www.theguardian.com/environment/2015/may/18/fossil-fuelcompanies-getting-10m-a-minute-in-subsidies-says-imf (2015년 6월 14일 접속).

21) Dobbs, Richard et al, McKinsey Global Institute, "Infrastructure productivity: How to save $1 trillion a year", January 2013, http://www.mckinsey.com/mgi (2015년 9월 22일 접속).

22) Jowit, J. (2010) 'World"s top firms cause US$ 2.2tn of environmental damage, report estimates', The Guardian. February 18, http://www.theguardian.com/environment/2010/feb/18/worlds-top-firms-environmental-damage (2014년 10월 18일 접속).

23) Costanza, R. et al (2014) 'Changes in the global value of ecosystem services', Global Environmental Change, Volume 26: 152-158.

24) Carbon Majors (2013) 'New Study Traces Two-Thirds of Industrial Emissions to Just 90 Institutions', November 21, http://carbonmajors.org/carbon-majors-press-release/ (2014년 10월 18일 접속).

25) Stamp, G (2007) 'Counting the cost of the slave trade', BBC News, http://news.bbc.co.uk/2/hi/business/6422721.stm (2015년 2월 25일 접속); Henry, B (2014) '£7.5 trillion for slavery: Reparations commission says Ja would be due £2.3 trillion of total for caribbean', Jamaica Observer, http://www.jamaicaobserver.com/news/-7-5-trillion-for-slavery (2015년 2월 25일 접속).

26) World Trade Organization (1999) 'The WTO's financial servic-
es agreement will enter into force as scheduled', WTO NEWS:
1999 press releases, February 15, http://www.wto.org/english/
news_e/pres99_e/pr120_e.htm, (2014년 6월 2일 접속).

27) Samuelson, R. (2013) 'The new globalization', Washington Post,
October 16, https://www.washingtonpost.com/opinions/robert-
samuelson-the-new-globalization/   2013/10/16/d0286c84-
3682-11e3-8a0e-4e2cf80831fc_story.html (2015년 9월 22
일 접속).

28) Korten D. (2009) Agenda for a New Economy, (San Francisco,
Berrett-Koehler), p. 21.

29) 'How Banks Create Money', Positive Money, http://www.posi-
tivemoney.org/how—money-works/how-banks-create-money/
(2014년 6월 15일 접속).

30) McKinsey Global Institute, 'Debt and (not much) deleveraging',
February 2015, http://www.mckinsey.com/insights/economic_
studies/debt_and_not_much_deleveraging (2015년 9월 22일 접
속).

31) Lawrence, F. (2011) 'Global food crisis: the speculators play-
ing with our daily bread', The Guardian, June 2, http://
www.   theguardian.com/business/2011/jun/02/global-food-
cricis—commodities-speculation, (2014년 6월 18일 접속).

32) Lin, K-H. andTomaskovic-Devey, D.(2014) 'How Financialization
Leads to Income Inequality', Institute for New Economic Think-
ing, October 17, http://ineteconomics.org/ideas—papers/blog/
how-financialization-leads-to-income-inequality (2015년 9월
22일 접속).

33) 'Why Derivatives May Be the Biggest Risk for the Global Econ-
omy', Time Magazine online, 2013년 3월 27일, http://business.
time.com/2013/03/27/why-derivatives-may-be-the-biggest-
risk-for-the-global-economy/ (2015년 9월 22일 접속).

34) 'Warren Buffett on Derivatives' (excerpts from the Berkshire

Hathaway annual report for 2002), www.fintools.com/docs/
Warren%20Buffet%20on%20Derivatives.pdf (2015년 9월 22
일 접속).

35) US Debt Clock, http://www.usdebtclock.org (2015년 7월 17일
접속).

36) European Commission, 'Financial Assistance to Greece', http://
ec.europa.eu/economy_finance/assistance_eu_ms/greek_loan_
facility/ (2015년 9월 23일 접속).

37) White, D. (2012) 'The top 175 global economic entities,
2011', D. Steve White blog, August 11, http://dstevenwhite.
com/2012/08/11/   the-top-175-global-economic-entities-
2011/; 참고 자료. Transnational Institute (2014) 'State of Power
2014', http://www.tni.org/briefing/state-power-2014 (2014년
6월 3일 접속).

38) Oil Change International, http://priceofoil.org/fossil-fuel-subsi-
dies/, (2014년 6월 3일 접속).

39) Moyers, B., Winship, M. (2014) 'Don't Let Net Neutrality Be-
come Another Broken Promise', Huffington Post Blog, July 5,
http://www.huffingtonpost.com/bill-moyers/dont-let-net-
neutrality_b_b_5266929.html (2015년 9월 22일 접속).

40) Farnam, T.W. (2011) 'Study shows revolving door of employ-
ment between Congress, lobbying firms', Washington Post
online, September 13, http://www.washingtonpost.com/study-
shows_revolving-door-of-employment-between-congress-
lobbying_firms/2011/09/12/gIQAxPYROK_story.html (2014년
10월 18일 접속).

41) Citizens Trade Campaign, 'What Corporations Want with the
TPP', www.flushthetpp.org/tpp_corporate-insiders (2015년 9
월 22일 접속).

42) Gibson, C.R. and Channing, T. (2015) 'Here's how much cor-
porations paid US Senators to fast-track the TPP bill', The
Guardian (US edition), May 27, http://www.theguardian.com/

business/2015/ may/27/corporations-paid-us-senators-fast-track-tpp (2015년 8월 4일 접속).

43) Strachan, M. (2011) 'U.S. Economy Lost Nearly 700,000 Jobs because of NAFTA, EPI Says', Huff Post Business, July 12, http://www.huffingtonpost.com/2011/05/12/nafta-job-loss-trade-deficit¬epi_n_859983.html (2015년 6월 15일 접속).

44) Wise, Timothy A. (2010) 'Agricultural Dumping Under NAFTA: Estimating the Cost of US Agricultural Policy to Mexican Producers', Woodrow Wilson International Center for Scholars.

45) Mexico Unemployment Rate, Trading Economics, http://www.tradingeconomics.com/mexico/unemployment-rate (2015년 9월 22일 접속).

46) Mitchell, S. (2013) 'The Truth about Amazon and Job Creation', Institute for Local Self-Reliance, July 29, http://www.ilsr.org/amazonfacts/ (2014년 6월 15일 접속).

47) Chivian, E. and A. Bernstein, eds. (2008) Sustaining life: How human health depends on biodiversity. Center for Health and the Global Environment (New York, Oxford University Press).

48) WTO and UNEP (2009) 'Trade and Climate Change: A report by United Nations Environmental Programme and the World Trade Organization' (Geneva, WTO Publications), p. 53.

49) The Hindu (2010) 'Per Capita CO2 Emissions to Rise Three-fold by 2030', TheHindu.com, February 25, http://www.thehindu.com/news/national/per-capita-co2-emissions-to-rise-three-fold-by-2030/article113168.ece (2014년 6월 15일 접속).

50) Global Footprint Network, 'Living Planet Report 2014 Facts', http://www.footprintnetwork.org/en/index.php/GFN/page/living_planet_report_2014_facts/ (2015년 9월 23일 접속).

51) Fuentes-Nieva, R. and Galasso, N. (2014) Working for the Few, Oxfam, http://www.oxfam.org/sites/www.oxfam.org/files/bp-working-for-few-political-capture-economic¬inequality-200114-summ-en.pdf; Hardoon, D. (2015) 'Wealth: Having

it all and wanting more', http://policy-practice.oxfam.org.uk/ publications/wealth-having-it-all-and-wanting-more-338125 (2015년 3월 20일 접속).

52) Woellert, L. and Chen, S. (2014) 'Widening Gap: China's Income Inequality Surpasses US, Posing Risk for the Leadership of Xi Jinping', Taipei Times, May 6, http://www.taipeitimes.com/ News/feat/archives/2014/05/06/2003589670 (2014년 6월 15 일 접속).

53) Wild, F. (2014) 'Slum Next to Golf Estate Shows South Africa's Wealth Gap', Bloomberg, May 7, http://www.bloomberg.com/ news/2014-05-06/slum-next-to-golf-estate-shows-south-africa-s-abiding-wealth-gap.html (2014년 6월 15일 접속).

54) OECD data, 2014년 5월 9일 접속. 참고 자료. UNCTAD (2012) Trade and Development Report 2012, United Nations; Fuentes-Nieva, R. and Galasso, N. (2014) Working for the Few, Oxfam; Wilkinson, R. and Pickett, K. (2009) The Spirit Level: Why More Equal Societies Almost Always Do Better (New York, Bloomsbury Press).

55) ICIJ (2015) 'Evicted & Abandoned', April 15, http://projects. huffingtonpost.com/worldbank-evicted-abandoned (2015년 9 월 23일 접속).

56) Save the Children, 'The Urban Disadvantage: State of the World's Mothers 2015' http://www.savethechildren.org/atf/ cf/%7B9def2ebe-10ae-432c-9bd0-df91d2eba74a%7D/ SOWM_2015.PDF (2016년 4월 22일 접속).

57) Johnson, I. (2013) 'China's Great Uprooting', New York Times, June 15, http://www.nytimes.com/2013/06/16/world/asia/ chinas-great-uprooting-moving-250-million-into-cities. html?pagewanted=all (2015년 9월 23일 접속).

58) Davis, M. (2004) 'In New Economy, Textile Workers Hang by a Thread', Los Angeles Times, Sept. 5, http://articles.latimes. com/2004/sep/05/opinion/op-davis5 (2015년 9월 23일 접속).

59) 150개국 보고서에 기반한 유엔 식량농업기구(FAO)에서 한 연구.
Food and Agriculture Organization. State of the World's Plant
Genetic Resources. Rome: FAO, 1996.

60) FAO (2012) 'Globally Almost 870 Million Chronically Undernour-
ished. New Hunger Report', Food and Agriculture Organization
of the United Nations, October 9, http://www.fao.org/news/
story/en/item/161819/icode/ (2014년 6월 15일 접속).

61) Newsweek Staff (1994) 'Where the Admen Are', Newsweek,
March 14, p. 34.

62) eMarketer.com (2014) 'Global Ad Spending to Double This Year',
July 9, http://www.emarketer.com/Article/Global-Ad-Spending-
Growth-Double-This-Year/1010997 (2015년 9월 23일 접속).

63) WHO (2012) Fact sheet No. 369, October, http://www.who.int/
mediacentre/factsheets/fs369/en/ (2015년 9월 23일 접속).

64) Dokoupil, T. (2013) 'Why Suicide Has Become an Epidem-
ic and What We Can Do to Help', Newsweek, May 23, http://
www.newsweek.com/2013/05/22/why-suicide-has-become-
epidemic-and—what-we-can-do-help-237434.html (2015년 9
월 23일 접속).

65) Carrington, D. (2014) 'Land taken over by foreign investors
could feed 550m people, study finds', The Guardian, June
27, http:// www.theguardian.com/environment/2014/jun/27/
land—grabbing-food-biofuels-crops (2015년 6월 15일 접속).

66) Worldwatch (2000), 'Where Have All the Farmers Gone?' Sep-
tember-October 2000, http://www.worldwatch.org/node/490
(2015년 9월 23일 접속).

67) UNTAD (2013) 'Take "mosaic" approach to agriculture, boost
support for small farmers, UNCTAD report urges', press re-
lease September 17, http://unctad.org/en/pages/PressRelease.
aspx?OriginalVersionID=154 (2014년 6월 4일 접속).

68) GRAIN (2014) 'Hungry for land: small farmers feed the world
with less than a quarter of all land', http://www.grain.org/article/

entries/4929-hungry-for-land-small-farmers-feed-the-world-with-less¬than-a-quarter-of-all-farmland (2014년 10월 18일 접속).

69) Alternative Trade Mandate, 'Towards an Alternative Trade Mandate for the EU', http://www.alternativetrademandate.org/resources/ (2015년 9월 23일 접속).

70) Mitchell, S. (2011) 'How State Banks Bring the Money Home', Yes! Magazine, Fall.

71) Center for Sustainable Economy and the Institute for Policy Studies, Genuine Progress Indicator, http://genuineprogress.net/genuine-progress-indicator/ (2014년 7월 25일 접속).

72) Ochs, A, Anderson, E. and Rogers, R. (2012) 'Fossil Fuel and Renewable Energy Subsidies on the Rise', World Watch Vital Signs, August, http://vitalsigns.worldwatch.org/vs-trend/fossil-fuel¬and-renewable-energy-subsidies-rise (2014년 10월 18일 접속).

73) Jordan, R. (2013) 'Stanford researcher maps out alternative energy future for New York', Stanford News, March 12, http://news.   stanford.edu/news/2013/march/new-york-energy-031213.html, (2014년 6월 10일 접속).

74) Ontario Ministry of Agriculture, Food and Rural Affairs (2013) 'Bill to Promote Local Food Passes Final Vote', November 5, http://   news.ontario.ca/omafra/en/2013/11/bill-to-promote-local-food-passes¬final-vote.html (2014년 10월 18일 접속).

75) Forrager.com, 'Cottage Food Laws', http://forrager.com/laws/ (2014년 10월 18일 접속).

76) O'Brian, A. (2013) 'Eye on Augusta: Food Sovereignty Movement Takes Root in Maine', The Free Press, August 28, http://freepress60.1upprelaunch.com/Content/Politics/-Government/Article/Eye-on¬Augusta-Food-Sovereignty-Movement-Takes-Root-in-Maine/96/541/28063 (2015년 9월 23일 접속).

77) P2P Foundation, 'Banco Palmas', http://p2pfoundation.net/Ban-

co_Palmas (2015년 9월 23일 접속).

78) Shuman, M. (2013) '24 Ways to Invest Locally', Resilience.org, October 22, http://www.resilience.org/resource-detail/1902148-24-ways-to-invest-locally (2014년 10월 18일 접속); Shuman, M. (2009) 'Invest Locally: put your money where your life is', Yes! Magazine online, June 5, http://www.yesmagazine.org/issues/the-new-economy/invest-   locally-put-your-money-where—your-life-is (2014년 6월 2일 접속).

79) Burkitt, L., Jargon, J. (2014) 'McDonald's to give China's restaurants a makeover', Wall Street Journal online, April 18, http://online.wsj.com/news/articles/SB10001424052702304626304579508623263131430, (2014년 6월 19일 접속).

80) India FDI Watch, http://indiafdiwatch.org/; Walmart Corporation, http://corporate.walmart.com/our-story/locations/india (2014년 10월 18일 접속).

81) United States Department of Agriculture, 'National Count of Farmers Market Directory Listing Graph: 1994-2014', Agricultural Marketing Service, http://www.ams.usda.gov/ (2014년 6월 19일 접속).

82) Bardo, M., Warwicker, M. (2012) 'Does Farmers Market Food Taste Better?' BBC Food online, June 23, http://www.bbc.com/news/business-18522656, (2014년 6월 16일 접속).

83) Willer, H. (2013) 'Organic Farming in Europe 2012', from FiBL & IFOAM: The World of Organic Agriculture, available at http://www.organic—world.net/fileadmin/documents/yearbook/2013/willer-2013-europe-overview.pdf.

84) American Farmland Trust, 'Farmland by the Numbers', http://www.farmland.org/programs/protection/American-Farmland-Trust-   Farmland—Protection-Farmland-by-the-numbers.asp (2014년 6월 5일 접속).

85) La Via Campesina (2011) 'Declaration: La Via Campesina International Youth Coordination Meeting', May 13, http://

viacampesina.   org/en/index.php/main-issues-mainmenu-27/
youth⌐mainmenu-66/1053-declaration-la-via-campesina-
international-youth-coordination-meeting (2014년 6월 10일 접
속).

86) Global Eco-Village Network, http://gen.ecovillage.org/ (2014년
6월 10일 접속).

87) Community Environmental Legal Defense Fund, http://www.
celdf.org/ (2014년 6월 10일 접속).

도서출판 남해의봄날
비전북스 행동하는 멘토 02

행동하는 멘토는 유명인의 성공담도,
성공의 방법론도 아닙니다.
작지만 소중한 가치를 좇아 다른 길을 걷는
사람들의 생생한 삶의 기록입니다.
행동하는 삶, 그 치열한 현장에 초대합니다.

로컬의 미래
헬레나와의 대화

초판 1쇄 펴낸날 2018년 11월 3일
6쇄 펴낸날 2022년 3월 15일

글	헬레나 노르베리 호지
번역	최요한
편집인	박소희^{책임편집}, 장혜원, 천혜란
마케팅	황지영, 이다석
디자인	타입페이지
종이와 인쇄	미래상상
펴낸이	정은영^{편집인}
펴낸곳	남해의봄날
	경상남도 통영시 봉수1길 12, 1층
전화	055-646-0512
팩스	055-646-0513
이메일	books@namhaebomnal.com
페이스북	/namhaebomnal
인스타그램	@namhaebomnal
블로그	blog.naver.com/namhaebomnal

ISBN 979-11-85823-34-8 03300
ⓒ Helena Norberg-Hodge, 2018

남해의봄날에서 펴낸 서른다섯 번째 책을
구입해 주시고, 읽어 주신 독자 여러분께 감사의
마음을 전합니다. 파본이나 잘못 만들어진 책은
구입하신 곳에서 교환해 드리며 책을 읽은 후
소감이나 의견을 보내 주시면 소중히 받고,
새기겠습니다. 고맙습니다.

Local is our future